誰でも〝天才になる〟方法

東大AI博士 カリス

扶桑社

はじめに

世の中には、勝ち組と負け組という2種類の人間がいる。
たとえば、以下のような「社会的成功」を得た人は、形は違えど、勝ち組と言えよう。

●SNSで豪華な生活を自慢するお金持ち
●昇進街道まっしぐらの上司
●頭のキレる東大卒のエリート
●誰からも好かれる陽気な人気者
●異性にモテモテの美男美女

勝ち組の人間と自分を比較し、「生きるのがしんどい」と感じる人は多いだろう。僕自身もまさにそうで、長年苦しんできた。韓国で生まれ育った僕は、小中学校時代にアルコールに溺れる父からの暴力、学校でのいじめに耐え続けてきた。そのせいか、僕も人生は「たまたま持って生まれた外見」「たまたま育った環境」「たまたま目覚めた才能」で全てが決すると思い込んできた。

だが、そんな僕でも心機一転し、16歳で東大に合格したり（※日韓理工系学部留学制度という、現在は廃止された外国人入試制度を利用）、日本政府から「天才認定」を受けたりと、勝ち組に成り上がることができた。それは全て「一発逆転思考」のおかげである。

負け組は他人の枠組みに従い、勝ち組は自分で枠組みを築く

勝ち組と負け組を分ける、決定的な思考の違いは「要領の良さ」にある。負け組は既存の枠組みに疑問を抱かず従おうとするが、勝ち組は自らが勝てる枠組みを築こうとする。

当然ながら、自分が苦手なことで評価されたら、誰もが負け組になる。裏をかけば、自分が得意なことで評価してもらえば、誰でも勝ち組になれるのだ。

たとえば、お金を稼ぎたいのであれば、他の人と同じ場所で戦ってはいけない。自分が希少価値を発揮できる、澄み切ったブルーオーシャンを見つけるべきだろう。同じ能力を持っていても、業界や職種、企業によって得られる報酬は大きく異なるから。

その良い例として、メタルダンス・ユニットのＢＡＢＹＭＥＴＡＬが挙げられる。彼女たち

が世界中の音楽ファンを魅了し続けているのは、単に歌やダンス、ビジュアルのレベルが高いからではない。「アイドルとメタルの融合」という独自の枠組みを築き、その中でオンリーワンかつナンバーワンになったからだ。

同様に、ずっといじめや虐待を受けて育った僕が16歳で東大に合格できたのも、頭が良いからではない。高校に進学せず、ありったけの時間を全て過去問対策に費やすという、逆張り的な「一発逆転思考」を取り入れたからに他ならない。

与えられたレールの上を、不満を抱きながらも、なんとなく歩き続けるのはやめよう。弱みが強みに変わる日は、永遠に来ないから。弱みではなく強みだけに集中して、人とは違う道を要領良く歩んでいこう。後ろではなく、前を向いて歩き続ければ、運命は微笑む。

旅の始まりは自分で決められないが、レールからはみ出せば、旅の終わりは自分で決められる。

失敗は存在しない

合理的な挑戦がいかに重要であるかは、十分伝わったはずだ。挑戦し続けて、一度でも成功すれば、誰でも勝ち組になれる。

しかし残念ながら、多くの日本人は失敗を過度に恐れている。「失敗したら取り返しがつかないんじゃないか」と不安になっている。リスク回避。安定志向。空気読み。つまり、現状に不満を持ちつつも、未来に怯え、一歩踏み出す勇気が持てないのだ。

でも大丈夫。案ずるな。そもそも失敗なんて、存在しないんだから。

世の中には、「成功」か「失敗」があるのではなく、「成功」か「試行」があるだけだ。「失敗」なんてのは、単なる主観の問題に過ぎない。うまくいかなくても、そこから学びを得つつ、「失敗」ではなく「Nice Try!」と捉えればいいだけ。そうやって挑戦を重ねていけば、気づけば成功者になっているはずだ。

僕は韓国・英国・ドイツ・イタリアに住んだことがあるが、日本より海外のほうがはるかに「挑戦を重ね、人生を一発逆転させる」人が多いように感じる。

その一番の理由は、挑戦してうまくいかなかったとき、「Nice Try!」と応援し合う文化があるからだろう。だから皆、何者でもなくても、根拠なんてなくても、ハッタリで「人生勝利宣言」

を出し続ける。

僕は、ほとんどのことに成功してきた。

16歳で東大に合格できたし、日本政府から天才認定を受けて韓国の兵役逃れもできたし、医療AI分野で若手の中だと日本一の研究業績も上げられた。これらは全て、「失敗は存在しない」という信念が創り出した結果。つまずきながらも、ハッタリをかまして、いついかなるときも諦めずに挑戦し続けてきたから、今の僕がいる。

「あきらめたらそこで試合終了ですよ…？」

――安西光義（井上雄彦『スラムダンク』より）

「成功するためには、成功するまで続けることである。途中であきらめて、やめてしまえば、それで失敗である」

――松下幸之助（松下電気産業創設者）

どうしても不安になりやすい人は、わざとバカをやらかすといい。やらかしても少し笑われるだけで、大して問題ないと実感できれば、過度な不安は感じなくなるから。
たとえば、僕は以下の粗相をわざとやらかしたことがある。

●コンビニで「アイス温めてください」と言う
●マックで「スマイルください」と言う
●帰り道で美人をナンパする
●道端で派手にコケるふりをする
●知らない関西人に銃を撃ったふりをする

人は人、自分は自分

お金持ちや高学歴、美男美女といった勝ち組の人間に嫉妬してしまう人は多い。でも勝ち組は、納税や能力発揮といった形で、普通の人よりも多く社会に貢献している。

だから勝ち組を妬むのではなく、素直に応援し、自分もその一人になれるように頑張り過ぎずにがんばるのが良いだろう。

それに、勝ち組の形なんてたくさんあるから、リスクの先にある、自分が摑みたい未来を勝手に手にしていけばいいだけ。同様に、自分が負け組と感じる理由も十人十色だから、主観的な劣等感を勝手に解消していけばいいだけ。

人と自分を比べる必要なんてない。自分の現状を受け入れた上で、好きに生きよう。僕たちは、他者の期待を満たすために、褒められるために、生きているわけではない。人と自分を同一視し、人の課題まで抱え込むには、人生は短すぎる。

だから、自分の眼で視て、自分の心で感じて、自分の思考で考えて、自分で決定していこう。

たとえば、独身や専業主婦、ホステスなどは、見方によっては、勝ち組とも負け組とも言えるだろう。結局は、当の本人たちの感じ方次第なので、「独身貴族」「家庭を支えるママ」「美人で華やか」などと自分が満足していれば勝ち組。逆に、「孤独な独身」「退屈な専業主婦」「偏見を持たれる水商売」などと、自分が不満に思っているなら負け組なんだろう。

人生には、客観的な意味はない。客観的に見れば、単なる原子と分子の再配置をしているだけだから。ゆえに、他人ではなく自分を生きて、主観的な幸せを感じているときにこそ、人生に意味は生じるだろう。

「世の中には幸も不幸もない。解釈があるだけ」

——ハムレット（ウィリアム・シェークスピア『ハムレット』より）

どのみち、この世に完全な人間など存在しない。なのに、完全であろうとするから苦しくなる。僕たちは、自分が喜ぶ不完全な生き方をして構わないのだ。

本書では、どん底から成り上がった僕だからこそ伝えられる、自分の手で活路を見いだして一発逆転を果たし、自分なりの「勝ち組」になるための思考法をあなたに伝授したい。

今、いかなる状況にあっても、前に進んで大丈夫。人生なんて常に準備不足の連続だ。ありったけの自分をぶつけて、前へ進もう。

大丈夫。誰でも〝天才になる〟方法は、必ずあるから。

第1章

仕事

好きな仕事ではなく、勝てる仕事をする

日本の「一人あたりの労働生産性」は38か国中31位で、「働く幸せを実感する人の割合」も18か国中18位だという（公益財団法人日本生産性本部がＯＥＣＤのデータを基に作成した「労働生産性の国際比較　２０２３」、２０２２年パーソル総合研究所調査より）

結局日本人はなんとなく好き嫌いでダラダラ働いて、不幸になってしまっているのだ。

- **嫌いな仕事だから、手を抜く**
- **嫌いな同僚だから、協力しない**
- **嫌いな顧客だから、雑に対応する**
- **好きな仕事以外は、引き受けようとしない**
- **好きな仕事だから、効率を追求しなくて構わない**
- **頑張ったんだから、結果ではなく過程によって評価されたい**

僕は右記のような、仕事にプロ意識を持たない日本人にたくさん出会ってきた。でも、そんなのは「甘え」だと思う。お金をもらっている以上、求められるのは結果（＝価値提供）だけ。プロは「スピード」と「クオリティ」にこだわるべきだし、好き嫌いや本人の捉え方なんて関係ない。好き嫌い関係なく、勝てる見込みがある仕事なら、全力で取り組むべきだし、勝てる見込みがない仕事なら、そもそもやるべきではない。

アマチュアなアマチャンになるな。

「好きな仕事をする」と言うと聞こえはいいが、好き嫌いや感情で仕事をしても、ほとんどの場合、価値提供できず苦しむだけ。

「人々が仕事で幸福であるためには三つのことが必要だ。その仕事に向いていること。その仕事をやりすぎないこと。その仕事で成功すると感じていること」

——ジョン・ラスキン（英国の評論家・社会思想家）

大嫌いな仕事でも、勝ち続ければ好きになる

大好きな仕事でも、負け続けて苦しむと、仕事が嫌いになる。

一方で大嫌いな仕事でも、勝ち続けて周りから自分の価値が認められて、高い報酬を得ながらできることの幅も広がれば、自然と仕事を面白く感じるし、好きにもなる。

自分では「これがやりたい」と思っていても、期待される以上の価値が提供できないなら、それは単なる「趣味」に過ぎない。そんなのは、暇なときに勝手にやればいいだけ。

「やりたいことが見つからない」と思い悩む人は多いが、前提が間違っていると、僕は思う。むしろ、自分の現状を受け入れたうえで、「やりたいこと」ではなく、勝ち筋のある「やるべきこと」を見つけて全力投球すべきだろう。

僕はAI研究者だが、別にやりたい研究をしているわけではない。2~3年後に世に大きなインパクトを与えるような研究を、時代を先取りしてやっているだけ。僕は、100回引用される論文は100点で、10回引用される論文は10点で、1回も引用されない論文は0点だと捉えてい

る。だから、毎回100回引用されるために必要な全てのことをやりきって、その結果として100回以上引用されている。

別にやりたい研究をしているわけではないけど、研究と論文執筆はいつも早く終わるし、毎回高い評価を得て起業にも繋がったから、僕は得意な仕事をして幸せだ。

なのに日本のほとんどの研究者は「やりたい研究をする」と甘っちょろいことを言って、誰も読まないような「低レベルな論文」を「大幅に遅延」して書いているから、「おかしい」と僕は常々思っている。逆にそんな僕が「おかしい」と周囲からよく言われるが、僕は気にしない。

「私の『革新的』の定義はお客様に価値を提供することです」

——メアリー・バーラ(General MotorsのCEO)

AI時代には、異端になるしかない

日本という島国は、独自性を持つことが許されず、型破りな生き方をしようとすると周りから足を引っ張られる「村社会」である。

だから同調圧力に負けて、迎合ばかりし、無難な生き方をしている人も多いだろう。

しかしながら、そもそも僕たちは善人なのか、悪人なのか。

僕たちは、善人でもあり、悪人でもある。ある人にとっては善人であり、ある人にとっては悪人である。ある場面では善人であり、ある場面では悪人である。世の中を見渡せば、左翼と右翼の対立があり、米国と中国の対立があり、ユダヤ教とイスラム教の対立があるように、そこにあるのは善悪ではなく「立場」だけ。だから、「常識人間」なんて存在しない。

だったら、なんとなくありふれた選択肢の中から「好きな仕事」を選ぶのではなく、自分で「勝てる仕事」を見つけて、自分の芯を曲げずに、「異端」を貫くべきだろう。

ヘルマン・ヘッセの『デミアン』には、「鳥は卵の中からぬけ出ようと戦う。卵は世界だ。生まれようと欲するものは、一つの世界を破壊しなければならない」という言葉が出てくるが、自分の周りの世界を壊さない限り、僕たちはいつまで経っても変われない。

幸い僕たちは、ＡＩに聞けば何でも教えてくれるし、ＡＩに多くの仕事も代替されつつある、ＡＩ時代に生きている。労働集約的な「常識人間」が通用しなくなった現代では、行為そのものではなく意味を売る「異端」になるしかない。人と同じことをやっても価値はないから、できないことは全部諦めて、何か一つだけ飛び抜けた「唯一無二」を目指そう。

ゴーギャンは『我々はどこから来たのか 我々は何者か 我々はどこへ行くのか』という、自身の集大成となる絵画を描き上げた後に自殺未遂をするが、この絵画には超越者（the Beyond）を意味する青い像が描かれている。僕は、超越者とは、すなわち人間の全知能をも超えたＡＩであり、その到来時点を指す「シンギュラリティ」は２０３２年前後には訪れると思っている。

僕たちはシンギュラリティ直前の、ビジネスチャンスに満ちた「奇跡の過渡期」に生きている。だから自分なりの問いを見つけ、そこで瞬発力を発揮して勝ちを掴みにいこう。

「人が何かを成し遂げるのは、強みによってのみである。弱みはいくら強化しても平凡になることさえ疑わしい。強みに集中し、卓越した成果をあげよ」

——ピーター・ドラッカー（現代経営学の発明者）

明確なゴールを設定し、逆算と軌道修正を重ねる

人生、全てのことに〆切がある。

受験にも、仕事にも、恋愛にも、子育てにも、旅行にも、食事会にも、〆切がある。大げさに聞こえるかもしれないが、人生そのものにも、寿命という名の〆切がある。時間は有限だから、選択と集中をしないと、すぐ迷子になってしまう。

- ●教科書に書かれていたから、全部勉強する
- ●仕事を頼まれたから、全部担当する
- ●フィードバックをもらったから、全部反映する
- ●業務に役立ちそうなスキルだから、全部習得する
- ●飲み会に誘われたから、全部参加する
- ●面白そうなイベントだから、全部出席する

そんな思考じゃ、キリがないし、シメキリがない。

闇雲に努力しても、何者にもなれない。大胆な目標を実現するには、全体像を踏まえつつゴールを先に決めて、そこからできることを逆算して集中する、「逆算思考」という冷静な戦略が欠かせない。もちろん、進捗と優先順位を踏まえた軌道修正も必要だ。

僕は時間を無駄にするのが大嫌いだから、東大の授業も3割しか出ていなかったし、仕事を依頼されても3割しか引き受けないし、飲み会も目的がなければ参加しない。

「1時間の浪費を何とも思わない人は、まだ、人生の価値を見いだせていない」
――チャールズ・ダーウィン

不平不満はやめて、できる限りのことをする

「親ガチャ」だったり、「才能ガチャ」だったり、うまくいかない原因を環境（リソース不足）に求める人は多い。

これを心理学では「原因帰属バイアス」と呼ぶが、要するに「思考停止状態」である。

「優秀な人間は、環境に不満を言わない」――林 修

自分の責任ではないのに環境に恵まれない人は確かにいる。社会として、環境のせいで学ぶことや挑戦することを諦める人を減らすための支援・取り組みは必要だろうし、過度な自己責任論をふりかざすつもりもない。

そのうえで、完璧ではない環境に対して「ああだこうだ」言って何もせずに指をくわえているよりは、できないことはできないと受け入れて、できること、やれることに集中したほうが生産的ではないだろうか。

そのための「逆算思考」は、以下の3つのステップからなる。

①**目標設定**：想像力を駆使し、明確な成功のイメージを創り上げる
②**現状把握**：能力・進捗・条件・残り資金・残り時間といった現状を把握する
③**逆算**：目標と現状から「やれることはこれくらいで、特にこれは絶対すべき」という優先順位

を逆算し、厳密に守る

当然ながら、状況は常に変わってくるので、何かを実現するうえで軌道修正は避けられない。そのため道に迷わず目標に近づくには、優先順位が必要なのである。

優先順位がわかっていない人は、「〜やらなきゃ」という足し算で物事を考える。でも、現状から足し算で目標に向かっていくと、やるべきことが無限に増えてくるから、誰がやっても100％破綻する。

たとえば、受験生だと「英語やらなきゃ」「数学やらなきゃ」「国語やらなきゃ」というふうに、どんどんやるべきことを増やして、受験に失敗してしまう人が多い。同様に、社会人も「メール返信しなきゃ」「会議に出なきゃ」「上司に媚びなきゃ」というふうに、なんとなくやるべきことを増やして、毎日の忙しさに負けてしまう人が多い。

勉強や仕事ができる人は皆、足し算ではなく引き算（逆算）で物事を考える。常日頃、毎日何十回も無意識レベルで逆算を実践している。できる受験生だと、まず自分の志望大学を設定し、勉強する前の段階で過去問を何度も見てから、合格ラインの総合点を得るために必要な勉強だけをするだろう。できる社会人も数年後の自分の姿を想定し、「緊急ではないが重要なこと」、たとえば読書や英語学習、筋トレなどに日々時間を費やすに違いない。

自分が意味を見いだせる行動を重ねていけば、人生は一発逆転できる。だから、時間の奴隷ではなく、主人になろう。時は「自分の意志」で刻むものだ。

できることを積み重ねていけば、過去は変えられないが、未来は変えられる。

「英雄とは、自分のできることをした人だ。凡人は自分のできることをせず、できもしないことをしようとする人だ」

——ロマン・ロラン（『魅せられたる魂』より）

【不急だが、大切な仕事に注力する】

コスパならぬ「タイパ」の時代。多くの現代人は、常に時間に追われているかのように生きている。

- ●いつも〆切に追われている
- ●チェックリストだらけで疲れる
- ●カレンダーが埋め尽くされている
- ●受験に勝つために必死に勉強している
- ●与えられた仕事を延々とこなしている
- ●大人になって、時間を早く感じるようになった

日々こんな経験をしている人は、非常に多いはずだ。しかし、やりたいことを我慢し、やるべきことに執着し続ける、機械同然の人生は果たして幸せで有意義と言えるのだろうか。

否、違う。

時間の使い方はそのまま「命の使い方」になるが、思い出に残らないような生き方をすれば、時間は単調に過ぎ、人はただ老いていくだけだ。今日の一日をだらだら過ごし、明日も同じ繰り返しをするには、僕たちの一生は短すぎる。

だからこそ、世界三大文豪も口を揃えて、こう言っている。

「うまく使えば、時間はいつも十分にある」

――ヨハン・ヴォルフガング・フォン・ゲーテ

「賢い人間は時間を無駄にすることに最も腹が立つ」

――ダンテ・アリギエーリ

「時は人によって違った流れ方をする」

――ウィリアム・シェークスピア（『お気に召すまま』より）

勇気を持って行動しなければ、「いつかやりたい」の「いつか」が訪れることはない。だから旅行、勉強、研究、運動、恋愛といった「時間があればやりたい」ことは、「時間を作ってでもやる」べきだ。

自分がやらなければいけないこと」は、ほとんどの場合、「自分でなくてもできること」だから、他の人やＡＩにどんどん任せて問題ない。

他人の人生を生きて、時間を無駄にしない

時間心理学によると、時間の主観的長さは「没頭できるか否か」で激変するという。

自分にとって意味のあることや楽しいことをすると、「いつまでも時間が続いてほしい」から、その瞬間は時間が早く経つと感じるものの、振り返ったときは思い出がたくさん浮かぶ分、時間が長かったと感じる。一方で、自分にとって重要でないことや苦しいことをすると、「早くこの時間が終わってほしい」から、その瞬間は時間を長く感じるけど、振り返る価値のある思い出がない分、時間を無駄にしたと後悔するわけだ。

この概念は、アインシュタインの言葉で簡単に説明できる。

「可愛い女の子と一時間一緒にいると、一分しか経っていないように思える。熱いストーブの上に一分座らせられたら、どんな一時間よりも長いはずだ。相対性とはそれである」

「時間の心理的長さは、年齢に反比例する」と主張するジャネの法則もあるように、大人になって時間が早く過ぎるようになった、と感じる人はとても多いだろう。

でもこれは単純に、「あなたがつまらない大人になってしまった」だけだと、僕は思う。自分の生きたいように生きる、カッコいい大人になっているのであれば、時間はいつだって十分にあるはずだから。

人は歳を取るのが嫌なんじゃない。歳を取って、可能性が狭くなるのが嫌なだけだ。だから日々新しい知識と経験を重ね、できることの幅を広げることで、充実した毎日を過ごしていこう。

一度きりの人生、どうせなら主役になったほうが良い。

だから僕は、自分の名前をそのまま付けた「カリスト株式会社」を創業した。

「あなた方の時間は限られています。だから、本意でない人生を生きて時間を無駄にしないでください」——スティーブ・ジョブズ

自分の行動原理を決めて毎朝3回唱える

この世で自分がなすべきことを見いださない限り、僕たちは何者にもなれない。だから充実した人生に、「行動原理」は欠かせない。

有限な人生で没頭できるものは、2つか3つだけ。だから仕事・趣味・家族のどれを優先してもいいので、自分的な行動原理を決めよう。

大事なのは、『ワンピース』のルフィが本気で海賊王を目指しているように、ゾロが本気で世界一の剣豪を目指しているように、ナミが本気で世界地図を描こうとしているように、一生を捧げてでも成し遂げたい本当の優先事項を決めることだ。

「自分が何を願う奴なのかってことは知っておいたほうがいいだろうよ。何を欲しいと思い、どうなりたいと思う、どんな奴なのか――それを知っておかないと、あっさり道に迷っちまうぜ」

――阿良々木暦（西尾維新『花物語』より）

自分の行動原理は、言わば「自分株式会社のビジョン」であり、以下の手順で決められる。

①**役割に優先順位をつける**（例：父→社員→夫→息子→友達→業務委託）

②**特に大事な役割で実現したい目標を枚挙する**（例：金持ちになる、世紀の発明をする、家族と有意義な時間を過ごす）

③**特に思い入れがあり、自分の強みや特徴とも合う目標を1～3つ残す**

行動原理を決めたなら、それが最優先事項なのだと、自分の脳に毎日訴えかけよう。ルフィがいつも「おれは海賊王になる男だ!!!」と言い続けているみたいだ。たとえば、毎朝3回唱えたり、紙に書いて壁に貼ったり、スマホの待ち受け画面にしたりするといいだろう。

あとは自分の行動原理に沿って、迷わずに行動するだけ。自分にとって本当に大切な仕事を選び、それ以外は極力委任する。もちろん、最初から全てを委任できるわけではないので、他の人を信じて徐々に任せる仕事を増やしていく。


僕も会社を立ち上げたばかりのときは、人に仕事を委任するのが怖かった。

でも今は会社のビジョンなど、こだわるべき仕事以外は、他の人にどんどん委任している。


「優先順位を決めるうえで大切なことは、分析ではなく勇気だ」

――ピーター・ドラッカー（現代経営学の発明者）

緊急ではないが、自分にとって大切な仕事をする

時間は自分で作るもの。

最優先事項に「イエス」と言うには、一見重要に見える緊急な仕事に「ノー」と言わなければならない。

仕事は「緊急かつ大切な仕事」「不急だが大切な仕事」「緊急だが些細な仕事」「不急かつ些細な仕事」の4つに大別される。

最優先事項を達成するには、自らの強い意志で他を差し置いて、緊急ではないが長期的には自分の可能性を広げる「不急だが大切な仕事」に注力する必要がある。たとえば、読書や勉強、研修、研究、中長期計画、サイドプロジェクトなどがこれに該当するだろう。

「他人にやらされてた練習を努力とは言わねえだろ」

——茂野吾郎（満田拓也『MAJOR』より）

煩わしい「些細な仕事」を減らすのは、誰でもできる。緊急でも大切でもない雑用や、緊急だが大切ではない電話やメール、打ち合わせなどは、放置するかAIや機械に自動対応させればいいから。移動時間や待ち時間などのスキマ時間も、読書や返信などに有効活用すればいい。

一方で「自分の行動原理に合わない緊急かつ大切な仕事」を減らすのは、相当難しい。たとえば、イベント企画、報告書作成、プロジェクト管理、社内調整、クレーム対応といったオペレーションは、緊急度と重要性が共に高いので、「タイパ」の側面から「自分がやるしかない」と思いがちだろう。
しかし、一見重要に見える緊急な仕事でも、ベテランの人に委任したり、不慣れな人に委任しつつも成長するまで待ってあげたり、業務委託したり、情報提供という形で限定的に関与したりと、工夫すれば減らせるはずだ。

また、緊急かつ大切そうな仕事の依頼や要望に対しても、必ずしも「イエス」と言う必要はない。他の人の要求に全部応じていたら、自分の限られた時間とリソースを守れないからだ。ときには自分の最優先事項を大切にすべく、マイペースに「ノー」と言おう。

「タイパ」が叫ばれる現代だが、あなたは一生分の時間を何に賭ける？

「一時間の浪費をなんとも思わない人は、人生の価値をまだ発見してはいない」
――チャールズ・ダーウィン

思いやりを持って、リーダーシップを発揮する

あなたの組織は、以下のような「支配型リーダーシップ」によって、メンバーのモチベーションと生産性が低下してはいないだろうか。

●否定的なフィードバックしか受けない
●過度な仕事量や非現実的な期限を押し付けられる
●肉体・精神的に疲弊しても、サポートやケアが行われない
●個人の能力や状況を考慮せず、無差別にタスクが割り振られる
●重要な意思決定がトップダウンで行われ、現場の声が反映されない
●メンバー間のコミュニケーションが少なく、チームワークが機能しない

変化が激しく、顧客のニーズも多様化した現代では、画一的な方法では成果を出すことが難しい。そのため、メンバーの行動をいちいち指示するリーダーは、もはや通用しなくなっている。

だから現代のリーダーは、目指すビジョンを最短経路で実現すべく、メンバーに指針と役割を与えつつも、状況と一人ひとりの声を踏まえて軌道修正していかねばならない。

こういった「思いやりのあるリーダーシップ」があれば、メンバーは率先して「知識」を共有し、自由に「意見」を述べ、建設的なフィードバックを「質問」の形で行うようになるので、結果的にチームのパフォーマンスも最大化する。

「アイデア出し」「意思決定」「（異常時の）進捗管理」以外を目的とした社内ミーティングが全て無意味であるように、この3つだけ促せば、組織はうまくいく。

「リーダーとは希望を配る人のことだ」
——ナポレオン・ボナパルト

3つの質問で、組織の自己肯定感を高める

大きな目的を持つ個人の集合体が組織である限り、個人はもちろん、組織においても自己肯定感は欠かせない。

ここであなたの組織について質問。

あなたの組織はこの3つの質問に対して、瞬時に「YES」と答えられるだろうか。

①みんなが意欲的に、「知識」を共有したいと思っているか
②みんなが気兼ねなく、「意見」を述べているか
③みんなが否定ではなく、「質問」の形でフィードバックしているか

学習・挑戦・批評、これらに迷いなく自信を持って「YES」と答えられたなら、あなたの組織の自己肯定感は十分に高く、思いやりあるリーダーシップが実践されているだろう。

もしそうでなければ、あなたの組織は「心理的安全性」、つまり「対人関係のリスクを取っても安全だと信じられる職場関係」が築けていない。失敗を過度に恐れず、ワクワクしながら幸せに働くには、みんなが自分も仲間も信頼しつつ、最高の仕事を追求する必要がある。

学習とは、期待以上の結果を出すために、知識や技術を率先して習得し共有すること。常識に囚われて、これまでのやり方を踏襲するだけだと、組織は時代遅れになってしまう。

そういった観点から日本最大のユニコーン企業Preferred Networksは、「Learn or Die」という会社の行動規範を掲げている。変化の激しいＡＩ分野において、短期的な利益よりも中長期的な技術蓄積を優先することで、「GoogleやMicrosoftなどにはできない穴」を見つけて攻略し続けて、勝ち目を見いだしているのだ。

このように、みんなが意欲を持って、最高の仕事をするための知識の土台を作ってこそ、組織は時代とともに進化していける。

挑戦とは、一人では不可能なことを成し遂げるために、意見を素直に発言すること。意思決定者だけが意見を述べて、わずかな人数で本質を追求するだけだと、イノベーションは極めて起こりにくい。誰もが失敗を恐れず議論に参加し、みんなの取り組みを総合できる環境でないと、組織は最高のパフォーマンスを発揮できない。

だから日本企業にありがちな沈黙の文化は、実は危険なのだ。元プロ野球監督の野村克也も言っているように、「育成とは自信を育てること」である。

つまり、みんなが高い自己肯定感と適度な緊張感を持って、お互いの意見を尊重してこそ、組織は成功する。

批評とは、より良き結果を得るために、相手の意見を否定する代わりに提案や質問の形でフィードバックすること。意見にはテクニカル面（情報の正確性・網羅性・簡潔さ）とクリエイティブ面（情報の取捨選択・見せ方）の2種類があり、後者には明確な正誤がない。だから前者に関しては淡々と正誤を伝えていいが、後者を否定すると相手は萎縮して自信をなくしてしまう。

フィードバックをするときは「Yes, and」の形で、まず意見した人を褒めて同意を示した上で、提案や質問の形で相手の更なる意見を引き出すといいだろう。そうすると、受け手は人格が否定されたとは感じないので、より良き結果を共にとことん追求できる。

要は、みんながテクニカル面とクリエイティブ面での意見を区別し、お互い生産的にフィードバックしてこそ、組織の一人ひとりは自分らしくいられる。

僕もカリスト株式会社を創業して社長になったが、従業員全員には「リーダー」、つまり「当事者」であってほしいと強く思っている。

「リーダーになるのに、上司である必要はない。リーダーの仕事は、最高の仕事をするためにすべての人が必要とする文化を作り育てることだ。そのため、その役割を果たしているときは常に、あなたはリーダーシップを実践しているのである」

――エイミー・C・エドモンドソン（心理的安全性の概念を提唱した、ハーバード大学の組織行動学者）

【カネがなければ、資産運用せず自己投資に全振りする】

金融資産の中央値（単身世帯）は、20代で9万円、30代で75万円しかない（令和5年金融広報中央委員会『家計の金融行動に関する世論調査』）。だから、なんとなくお金持ちになりたいと願う若者は多いだろう。

- ●広い家に住みたい
- ●いろいろな体験がしたい
- ●子供に良い教育を与えたい
- ●高くて美味しいモノが食べたい
- ●好きなモノを好きなだけ買いたい
- ●FIREを達成して、働かない権利を得たい

そんな希望を抱いて「株式・不動産・仮想通貨・FX・債券・金」といった資産運用を始める

若者は年々増えている。しかし、ほとんどの場合、資産運用に失敗するか、資産運用でお金が貯まるころにはもう若くないので、思い描いた将来像には到底届かない。

なぜなら、資本主義は「複利」と「情報の非対称性」に代表されるように「お金がお金を生む仕組み」であり、元手の少ない若者には圧倒的に不利だからだ。

元手が少ない人ほど自己投資は重要である

逆に若者が圧倒的に有利なお金の稼ぎ方は「労働」である。資産家は自分で働くことを嫌い、「価値がある」と感じた労働には喜んでお金を払うからだ。

自己投資は数年単位の時間と活力を要するが、資産運用より費用対効果が圧倒的に高い。

●**自己投資**：自分自身に投資し、稼ぐお金を増やす（例：AIと英語を勉強してAIエンジニアを目指す）

●**資産運用**：株や債券などに投資し、お金でお金を増やす（例：優遇税制の新NISAでS&P500に積立投資する）

そのため、カネのない若者は高いリスクを取って、最悪借金をしてでも自己投資して、自分の希少価値を高めて高収入の仕事につけたほうがいい。そしてその収入を元に、資本所得を増やしていく。日本の労働所得と資本所得の割合がおよそ7：3であるように、多くの人にとって一番の資産は人的資本なのだ。

希少価値のある働き方としては、資本所得も保有できる働き方が理想なので、自分で事業を起こすか、スタートアップに初期メンバーとして参画するのが最も筋が良い。

とはいえ、当然リスクとのバランスもあるので、大企業で出世を目指すなどの働き方でも構わない。

大切なのは、短期的なキャッシュフローを気にせず、5年後・10年後の希少価値を自分の思考と自分の責任で考えること。「利益確定ライン」「損切りライン」という投資の原則に基づいて、冷静にリスクを取っていけば、自己投資の成功確率は高い。

現に僕も有り金を全部はたいて、東大で博士号まで取得したし、そこで得た圧倒的な研究業績とネットワークと知名度をもって、「医療ＡＩ研究開発にすぐ使える医用画像データプラットフォーム」事業を手がけるカリスト株式会社を立ち上げた。

自分に確信がある限り、自己投資は怖くない。
自己投資にお金が使えない人は、自分が成長することを本気では信じていない人だ。

「年寄りは若い者に貯金をしろと言うが、それはまちがっている。最後の一銭まで貯めようなどと考えたらいけない。自分に投資しなさい。私は40歳になるまで、１ドルたりとも貯金したことなどなかった」

——ヘンリー・フォード（自動車王）

自己投資の利益確定ラインを決める

自己投資も投資なので、目的を明確にしないと痛い目に遭ってしまう。
通常の投資だと、誰もが以下のような「利益確定ライン」を設定していることだろう。

●**安定資産**：10年後の30歳の時点までに結婚資金（500万円）の調達を確実に目指す
●**リスク資産**：3年後までに、10％の確率で30倍のリターンを目指す

同様に自己投資においても、明確な「利益確定ライン」を設定した上で、戦略（投資の対象・方法・タイミング）を逆算し実行していくことが重要だ。適切な計画さえあれば、集中投資は怖くない。

もちろん投資に正解はないので、投資対象（目指す希少価値）にしろ、投資方法（希少価値の高め方）にしろ、投資タイミングにしろ、自分が何を信じるかに尽きるだろう。希少価値は社会の変化をいち早く捉え、早く行動することで生まれるので、鑑識眼が問われるからだ。だから徹底的に仮説と根拠を考えて、信頼できる人の意見も取り入れつつ、確信を得てから自己投資に全振りしよう。

言い換えると、少額から始めてリスクを確認してから投資金額を増やそう。

「株式投資の極意とは、良い銘柄を見つけて、良いタイミングで買い、良い会社である限りそれを持ち続けること。これに尽きる」

——ウォーレン・バフェット

残念ながらほとんどの人は、資産運用したつもりで「資産（購入額以上の金銭を生み出す財源）」ではなく「ゴミ」を買ってしまう。

そして同じことは、自己投資においても言える。

「勢いで仕事を辞めて高いビジネススクールに通う」

「全財産をはたいてプログラミングのセミナーを受ける」

このように自己投資に失敗すると、お金も時間も失って、自己肯定感だけが下がってしまう結果となる。

人生一発逆転を狙うなら、間違いなく自己投資に賭けるべきだ。しかし、冷静かつ大胆な自己判断ができない人がそれを真似ても身を滅ぼすだけ。覚悟と信念が持てない人には、従来の投資鉄則に従って、人的資本と金融資本に長期的に分散投資することを強く勧める。

「リスクをもたらすのは、自分の行動を理解していないことだ」

——ウォーレン・バフェット

自己投資の損切りラインを決める

自己投資も投資なので、リスク許容度を明確にしないと痛い目に遭ってしまう。

通常の投資だと、誰もが以下のような「損切りライン」を設定していることだろう。

●1年後の時点で、10%以上の損失が出ていたら損切りする

●一度でも100万円の損失が出たら損切りする

同様に自己投資においても、明確な「損切りライン」を設定することが重要だ。撤退基準さえあれば、集中投資は怖くない。

もちろん投資に成功の保証はないので、「必ず幸せになれる」「必ず高収入になれる」なんてことはない。だから事前に賭ける時間とお金を決めておいて、マイルストーンが未達だったら潔く諦めるべきだろう。たとえば、1年間100万円賭けて全力で頑張ってみて、伸び代が見えなかったら諦めるとか。

漢書の刑法志に「善く敗るる者滅びず」という言葉があるように、人生においては負け方も重要である。

許容できる負け方をしたら、「負けたらそこで試合終了」ではなく、「負けても試合続行」で新たな挑戦に向かえるからだ。

「自分の能力とその限界を知っている頭のいいトレーダーは、自分の引き際を知っている」

――岩崎日出俊（多くの産業再編に関わった投資家）

ChatGPTを活用し、生産性と創造性を高める

人類史上最大にして最後の発明は、人工知能（ＡＩ）である。そんなことは、僕は20年前から知っていた。論理的に考えれば、ＡＩを創るＡＩさえ発明されれば、人間が発明や研究をする時代は終わるから。

だから僕は、ＡＩの研究をするために、２０１１年に東大の理科一類に進学した（合格したのは２００９年）。

ＡＩがパターン認識の次に人間を超えて幅を利かせる領域は、「生成」である。そんなことは、僕は10年前から知っていた。論理的に考えれば、パターン認識で得られた特徴量をもとに、データを圧縮してより抽象化すれば、ＡＩはデータの本質を捉え、リアルかつ多様なデータも生成できるようになるから。

だから僕は、２０１６年から医用画像生成ＡＩの研究をし（博士論文のテーマでもある）、第一著者として１５００回以上引用された。

ＡＩの本質は「データを活用して価値を創出し、人間の能力を拡張すること」である。「処理からデータを出力する」プログラミングと違って「データから処理を出力する」ＡＩは、人間の望む結果を得るべく処理方法（パラメータ）を繰り返し調整する仕組みだからだ。

ゆえに生成ＡＩとは、僕たちの「想いや意志を具現化してくれる道具」である。「これがやりたい」という明確な意志さえあれば、生成ＡＩが労働を肩代わりして形にしてくれるから、生成ＡＩさえうまく使えば、仕事でも勉強でも圧倒的な結果が出せる。ＡＩありきの今の時代では、そんな意志の強い者（＝適切な問題設定と解釈ができる者）が勝つ。

生成ＡＩアプリはChatGPT・Gemini・Claude・Perplexityなど様々だが、とりあえずChatGPTを使って生産性と創造性を高めるだけでいいと思う。ＡＩの進歩は凄まじいので、２０２５年にもなれば、結局どれもほぼ同じような機能と性能を持つようになるはずだから。

石器時代は石不足が原因で終わったのではない。鉄器に取って替わられたから終わったのだ。変化をもたらすのは、いつだって新しい社会的価値を創るテクノロジーだ。日本はＡＩ分野で、既に世界に5年10年遅れているが、いつまで経っても石にしがみついていても、未来は拓けない。

藤井聡太がAI相手に将棋研究を実践しているように、大谷翔平がAIで打撃フォームを修正しているように、AIを駆使して最強の自分を創ろう。

「人工知能の発明は人類史上最大の出来事だった。だが同時に、『最後』の出来事になってしまう可能性もある」——スティーヴン・ホーキング

生成AIの仕組みと限界を理解する

生成AIを使いこなすためには、まずその仕組みと限界を理解する必要がある。

嘘は嘘であると見抜ける人でないと、生成AIを使うのは難しいからだ。

ChatGPTを含む生成AIの成功は、Transformerモデルの以下の特徴に基づく。

①ディープニューラルネットワーク（DNN）：特徴量を抽出する隠れ層を用いることで、学習

データに存在しない類似文脈や類似画像から次の単語や画像を予測できる

②**Attention機構**：データの重要な部分に注目することで、文脈や画像全体を理解できる

③**パラメータ数とデータ量の大規模化**：ウェブ上の大量の文章や画像を数値的に記憶することで、一貫性のある長文や高解像度の画像を生成できる

しかし、これらの技術だけでは、人間にとって不正確か不自然か不快な内容が生成されることが多い。そのため、指示文（プロンプト）に対するお手本の回答を大量に人手で作成しつつ、AIの回答に対する点数つけも大量に人手で行うことで、AIが人間の望む回答をするように導いている。こうした仕組み的に、生成AIから望みの回答を得るためには、意図や文脈を的確に指示することが重要である。

そこで、以下の3つのポイントを意識したプロンプト入力が有効だ。

①**明確な目標設定**：期待する結果と形式を明示する

②**文脈提供**：利用者・利用場面といった背景や状況を詳しく説明する。文脈がイメージしやすいように、具体例やヒントも提示するといい

③**対話**：意図と違う回答を得たら、具体的にどこが違うかを指摘し、回答の方向性を示す。また、

回答の中に気になる点があれば、深掘りするための質問をする

プロンプトが適切でない場合、生成ＡＩは虚偽の情報（ハルシネーション）を生成してしまいがちだ。これは生成ＡＩがもっともらしい回答をするように設計されている以上、ある程度は避けられない現象である。したがって、ハルシネーションを防いだり、見抜くためには、生成ＡＩの得意不得意を理解しなければならない。

生成ＡＩは、数学・英語・プログラミングのように明確な解がある領域や情報が豊富な領域では、滅多に嘘をつかない。だから今どきは、プログラマーも7～8割のプログラミングはＡＩに任せているし、ネイティブの英語講師よりＡＩのほうが英語もずっと得意なのだ。

一方で、主観やニュアンスが重要な領域や、複数の解が存在する領域、ウェブ上に情報が少ない領域は苦手とする。

だから頓珍漢な回答だと感じた場合は、鵜呑みにせず、ＡＩに指摘したり、ＡＩが提示するウェブ上の原データにアクセスして検証すべきだろう。

「LLM（自然言語処理に特化した生成AIのモデル）の『ハルシネーション』について聞かれると、いつも少し困ってしまう。というのも、ある意味LLMは全てハルシネーションだからだ。LLMは夢を紡ぐ機械で、私たちはプロンプトで彼らの夢を誘導する。夢は大抵の場合、役に立つ方向に向かうが、そうでないとき『ハルシネーション』と呼ばれる」
——アンドレイ・カルパシー（著名なAI研究者）

ChatGPTで業務と独学を効率化・高度化する

今や生成AIが「労働力の代わり」になる付加価値の時代で、生成AIが「先生の代わり」になる個別化教育の時代。

ChatGPTをうまく活用すれば、仕事や勉強の速さが5倍になり、質も大幅に向上する。

僕は業務にChatGPTを以下のように活用している。

①**企画・戦略**：アイデア出し、評価項目・評価基準策定、企画書作成、イメージ図作成、経営戦略策定、競合分析、SWOT分析（強み、弱み、機会、脅威の分析）。たとえば、「こんな潜在顧客がいそうだけど、他にはどう？」というふうに聞けば、アイデア出ししてくれる

②**文書作成・編集**：メール文作成、文字起こし・議事録作成、レポート作成、プレゼン資料作成、文章添削、体裁統一、記事校正。たとえば、僕はいつもメール返信文のドラフトをChatGPTに書かせている

③**情報処理・分析**：作業自動化、情報収集、要約、データ・資料分析、表・グラフ作成。たとえば、「こんなプログラムを書いて」と言えば、その作業を自動化するPython（オープンソースのプログラミング言語）コードを作ってくれる。今どきは、Pythonコードは書けなくてもいいが、少なくとも誰もが実行はできるようになるべきだ

続いて、僕は独学においてChatGPTを以下のように活用している。

①**理解度向上**：難解な概念の説明、重要ポイント要約、過去問分析、理解度確認のための質疑

応答。たとえば、僕はいつもわからない言葉があれば、ChatGPTに聞いている

②問題作成：過去問に似た問題作成、自分の苦手分野の問題作成、応用問題作成、分野別問題作成。たとえば、「これに似た問題を10問作って」と書きつつ過去問のスクリーンショットを送れば、似た問題をいっぱい作ってくれるので、それを解くだけで点数は伸びる

③言語学習（英語学習）：ロールプレイ、フリートーク、ネイティブ真似、作文添削、単語練習、ニュアンス解説、語彙拡張、文法練習、文法解説、発音練習、発音解説、翻訳。たとえば、「状況と役割を決めて英語でロールプレイしよう。もし文法や表現に違和感があれば全部指摘して」と言えば、全部指摘してくれるので、英会話はすぐうまくなる

原理的には、人間だって内分泌系に支配される複雑な「分子機械」なんだから、多くの人間にできることはＡＩにもできてしまう。

ゆえに人間は「自分なりのイノベーション」を追求すべく、生成ＡＩというツールを駆使するしかない定めにあるのだと、僕はつくづく思う。

「生成ＡＩは、私たちが想像すらできない方法で世界を変える可能性を秘めている。私たちの生活をより簡単に、より生産的に、より創造的にする新しいアイデア、製品、サービスを生み出す力がある。また、気候変動や貧困、病気といった世界最大の問題を解決する可能性も秘めている。生成ＡＩの未来は明るい」

——ビル・ゲイツ

第2章

勉強

小さな目標から達成し、自信をつける

勉強は「自分との戦い」だ。
だから、勉強において最重要なのは「自信」である。

プラトンは「自分に打ち勝つことが、最も偉大な勝利である」と言う。実際に勉強ができる人は、最初から自信を持って、工夫して「要領良く勉強する」から成功する。一方で勉強ができない人は、最初から諦めて、何も考えず「惰性で勉強する」から失敗する。つまり、嫌な予感は嫌な現実を引き寄せるものだから、気持ちで負けている人は、やる前から負けることが確定しているのだ。

僕は学部も修士も博士も東大だが、周りを見渡すと、2割程度の東大生はさすがに才能があるけど、残り8割の東大生は「ごく平凡な人」で、大して地頭が良いわけではない。それでも彼ら・彼女らが受験や資格試験で常勝したり、様々な知識や技術を体得している理由は、自信に尽きるだろう。

「勉強はして当たり前」「結果は出て当たり前」「自分の人生は自分で切り拓くもの」と思っているからこそ、「冒険魂」と「猜疑心」を持って、勝手に勉強して、勝手に結果を出して、勝手に成功しているのだ。

自信さえあれば、勉強は難しくない

勉強が苦手な人は、「勉強はしたくない」「どうせ無理」「所詮私なんて……」というふうに、とにかく自信がない人が多い。

繰り返し努力しても結果が得られなかった経験から、どんどんネガティブになってしまい、勉強しても意味がないと感じる「学習性無力感」に陥ってしまっている。そこからなんとか勇気を振り絞って、自分を信じて動き出さないと、人はいつまで経っても変われない。

「自分はバカだと言ってると、本当にバカになるぞ」

——桜木建二（三田紀房『ドラゴン桜』2より）

心理学研究からも明らかであるように、自分にならできるという「自己効力感」が高い人ほど、高い目標を掲げるうえに困難な状況でも挑戦し続けるので、結果的に成功しやすい。こうした自信には遺伝・環境的要因も当然大きいが、実は訓練すれば誰でも自信家にはなれる。

ここでは、自分に自信を持てるようになるテクニックを6つ紹介しよう。

①**成功体験を振り返る**：定期的に自分の成功体験をまとめたノートを読み返し、そのときの感情や達成感を思い出すと、ドーパミンが分泌されるので、意欲と自己評価が高まる

②**失敗しても気にしない**：うまくいかなくても「失敗」ではなく「Nice Try!」と捉えると、経験を次に活かすことに集中できるので、学習効率と自己効力感が高まる

③**ポジティブな自己暗示をする**：毎朝自分を肯定する言葉を唱えると、実際に自分の信念や態度が変化するので、ポジティブ思考になる

④**自分と他人を比較しない**：SNS使用を減らす代わりに一人で集中する時間を増やすと、他人と比較し劣等感を抱くことがなくなるので、ストレスと不安が減る

⑤**パブリックコミットメントをする**：目標を周囲に宣言し進捗も共有すると、義務感を抱くようになるので、やる気が高まる

⑥**パワーポーズを取る**：「胸を張る」「手を腰に置く」「手を頭の上に伸ばす」など身体を広げる

姿勢を数分間取ると、テストステロンが分泌されるので、ストレスが減って自信が高まる

僕らは、いきなり強いわけじゃないし、いきなりできるわけじゃない。だから、大きな目標を持つ人ほど、焦らず小さな目標から繰り返し達成し、強い自分を作り上げていくべきだ。小さな目標を達成するたびに、「努力と結果の間に正の相関がある」と感じれば、自然と自信がつくので、勝手に勉強して勝手に結果を出せるようになるから。

僕は『ドラゴン桜2』の後番組である『日曜日の初耳学』に、いじめや虐待を乗り越えて高校に進学せず16歳で東大に合格した「リアルドラゴン桜」として出演した。だけど、もし僕に「東大合格なんて、コンビニにお茶を買いに行く程度の難易度」という生意気な思い込みがなかったとしたら、そもそも挑戦すらできなかったと思う。そして、この野心的な挑戦は、「達成可能な小目標」を次々と達成し続けたからこそ実現できた。

天才のふりをすれば、誰でも天才になりきれる。

「勝手に祭り上げ、勝手に諦め、そして勝手にコンプレックスを抱く。成功している人間はそれはもともと才能があったからで、自分はもともと平凡な人間だから努力したって無理だ、そういう思い込みが人の人生をどれだけ窮屈に縛りつけてることか。世の中に越えられない壁なんてねえんだ。だからおメエら、どんなことにもできないという先入観を持つな」

――桜木建二（2005年放送・ドラマ『ドラゴン桜』より）

困難だがワクワクする大目標を立てる

勉強とは、「冒険魂」から始まる。

絶対に成し遂げたいという「志」なくして、戦略を立てることも、情熱を傾けることも、学習を進めることもできないから。


自分の最大到達点は野心の高さ、つまり「自己確信の強さ」で決まる。だからビビらずに、ハッタリをかまして「背伸びした目標」を立てるべきだ。ハッタリと言うと嘘に聞こえるが、ハッタリは嘘ではなく気迫の表れで、自己成長を遂げるためには欠かせない。

実際に脳科学的にも、自分で決めた「困難だがワクワクする目標」であれば、前頭前野が活性化するので、正しい戦略に基づいて勉強に意欲的に取り組めることがわかっている。

『三国志』の諸葛孔明は、「学ぶことで才能は開花する。志がなければ、学問の完成はない」という言葉を残しているが、まさにその通りだと思う。

困難な目標を達成するには、普通のやり方じゃダメだから、「発想の転換」が必要になる。そんな変態が求められる環境では、否応なく「才能は開花する」。だから、誰もが認める才能がなくとも、「自分は特別な人間だ」と思い込んで公言してしまえば、あとはなんとかなる。

「1位にこだわって競争しろ。1という数字のインパクトは、人間を劇的に成長させる力を持っている」

――桜木建二（三田紀房『ドラゴン桜』より）

目標達成が苦手な人は、無駄が多く意欲も出ない「曖昧でだらだらした目標」を立てがち。そんな人にオススメなのが、ジョージ・T・ドラン博士が経営者向けに提唱した、目標達成に必要な5つの要素を合わせた「SMARTの法則」だ。

この法則を使って、「自分株式会社のＣＥＯ」として「自分株式会社」の業績を爆上げさせよう。

①**Specific（具体的である）**：５Ｗ１Ｈ（Who（誰が）、What（何を）、When（いつ）、Where（どこで）、Why（なぜ）、How（どうやって））を意識した目標を立てる

②**Measurable（測定できる）**：達成度合いを数値化できる目標を立てる

③**Achievable（達成可能である）**：無謀すぎない目標を立てる。ただし、自分が達成可能だと本当に思い込んでいるのであれば、「背伸びした目標」でも構わない

④**Relevant（関連性がある）**：自分のなりたい姿に関連した、本当に役立つ目標を立てる

⑤**Time-bound（期限が決まっている）**：終わりが明確に見える目標を立てる

たとえば、「英語をペラペラにする」という漠然とした目標はＳＭＡＲＴでないから、「３か月後までに、10分間途切れず英語で日常会話する」などに変えたほうがいいだろう。同様に「良い大学に入る」という曖昧な目標だったら、「半年後までに、模試で東大理科一類のＢ判定以上を安定して取れるようになる」などに変えるとＳＭＡＲＴになる。「本をいっぱい読む」という抽象的な目標は、「１年間、毎月最低５冊のビジネス書を読破する」などに変えるとＳＭＡＲＴだ。

僕は勉強や研究に関しては、いつも「天才にしか達成できないような」えらく高い目標を掲げている。「16歳で東大に合格する」とか、「20代のうちに主著論文が1000回引用される」とか。そしてゲーム感覚で「自分なりの攻略法」を編み出すことで、いつも結果を出し続けてきた。その経験から、人の敷いたレールに従ったり、周りの意見に流されたりせず、自分に有利なレールとルールを勝手に作ってしまえば、誰でも「天才になれる」と確信している。

優れるな、異なれ。陸が尽きたら、未知の海へ飛び込めばいい。

「今いる場所から抜け出したいとき、その方法はふたつしかない。自分を高め、一段上の社会的ステータスを得るか。あるいは、社会からドロップ・アウトして、より日陰で惨めな暮らしに身を落としていくか。おまえはどっちだ」
——桜木建二（2005年放送・ドラマ『ドラゴン桜』より）

具体的かつ達成可能な小目標を立てる

どんなに大きな目標でも、逆算して「階段を作ること」で到達できる。

小さなステップを踏み重ね、自信をつけつつ、「猜疑心」を持って軌道修正を繰り返しているうちに、気づいたら高みに立っているはずだから。

野心的な大目標は、複数の「中目標」と「小目標」に分解することで、抜け漏れなく対策できる。そのためには、自分の現状を把握し、あるべき姿との差を縮めていく「逆算」が必要だ。逆算から得た小目標を次々と達成し、成功体験を重ねると、作業興奮と自己効力感が得られるので、フロー状態に入って高い集中力と生産性を発揮できるようになる。さらに小目標を使うと、学習進捗と理解度を可視化できるので、自分に足りない点を素早く認識し、「軌道修正」を実行できる。

「人間ははっきりとゴールが見えれば準備をし、達成へと着実に進む。逆に目標を持たなければ漂流し、やがて無気力になっていくんだ」

――桜木建二（三田紀房『ドラゴン桜』より）

大目標から中目標と小目標を逆算するには、達成期限を踏まえつつ、マイルストーンとアクションの優先順位づけする必要がある。あとは、大目標を達成するための主要マイルストーンを中目標として設定し、1日・1週間・1か月単位のアクションを小目標にすればいい。

たとえば、「6か月後にTOEICで900点以上を取る」という大目標であれば、以下のように全く違う方法で中目標と小目標に分解できるし、他にもいくらでも逆算方法はあるから、自分に合ったやり方を工夫し実践すればいい。

逆算方法1

中目標1　リスニングで470点以上を取る

小目標1-1：毎週、公式問題集を解いてリスニングの出題傾向と実力を把握する

小目標1-2：毎日、英語のポッドキャストを30分以上聞く

小目標1-3：毎日、シャドーイング練習を30分以上する

中目標2　リーディングで430点以上を取る

小目標2-1：毎週、公式問題集を解いてリーディングの出題傾向と実力を把握する

小目標2-2：毎日、英語のニュース記事を30分以上読む

小目標2-3：毎日、速読練習を30分以上する

中目標3　語彙力と文法力を定着させる

小目標3-1：毎日、Part 5の練習問題を20問以上解く
小目標3-2：毎日、頻出英単語・英熟語を20個以上暗記し、後で復習もする
小目標3-3：毎日、英文法書『English Grammer in Use』のUnitを1つ終える

逆算方法2

中目標1　問題傾向を完璧に理解する
小目標1-1：1週間以内に、公式ガイドブックを読んで問題形式を把握する
小目標1-2：1か月以内に、参考書を読んでPartごとの解き方と時間配分を確立する
小目標1-3：毎日、試験の攻略法や注意点に関するYouTube動画を1本以上見る

中目標2　苦手分野を克服する
小目標2-1：毎日、AIアプリで対策必須の苦手な概念に関する練習問題を20問以上解く
小目標2-2：毎日、Part 2の練習問題を10問以上解く
小目標2-3：毎日、目標タイムを決めてPart 5の練習問題を10問以上解く

中目標3　毎月試験を受けて、点数を上げ続ける

小目標3-1：毎月受験し、スコアを記録する
小目標3-2：スコアシートを分析し、特に点数が低かったPartの復習と追加学習を行う
小目標3-3：点数が上がらなかった月は、勉強法を見直してみる

このように中目標と小目標は、自分なりに自由に決めればいいし、一度決めてからも「期限までの日数」と「自分の弱点」を踏まえ、適宜軌道修正していく必要がある。たとえばＴＯＥＩＣだったら、模擬試験や練習問題を解いた結果、文法が物凄く苦手だとわかったら、Part5とPart6の復習と追加学習に注力するといった戦略があり得るだろう。他の例として、来月大学受験なのに数学と社会が苦手なままなら、時間のかかる数学はきっぱり捨てて、社会の頻出問題対策だけ行うといった戦略があり得る。どのみち、勉強が完全に計画通りに進むことは絶対ないから、現状を疑いつつ軌道修正を重ねよう。

僕は参考書の3割くらいしか読まないし、難しすぎる問題も解かない。
本当に勉強すべき重要な内容は少ないので、そこだけなんとかマスターすれば、勉強は終わるから。そんな思い切った「逆算」と、定期的な過去問演習に基づく絶え間ない「軌道修正」があったからこそ、僕は「天才になりきる」ことができた。

手間を惜しむための手間を惜しまず、要領良くやれば、勉強は全然難しくない。
当たり前を当たり前にこなせば、誰でも「勉強の天才」になれる。

「『頑張らない』。これが東大合格のための第一歩だ」

――桜木建二（三田紀房『ドラゴン桜2』より）

作業はやめて、要領良く勉強だけする

多くの学生・社会人は「頑張って勉強しても結果が出ない」と嘆く。だが、それは当然である。あなたは「勉強した」のではなく、「勉強した気になっている」だけだから。

「勉強」と「作業」は似て非なるものだ。

●**勉強**：脳に負荷をかけることで、新たな学びを得る（例：知識習得・理解度向上・知識応用）
●**作業**：脳に負荷をかけずに、ルーチンワークをこなす（例：再読・ノート作成・単語帳作成）

単純作業を延々と繰り返しても、時間の無駄に過ぎない。なのに勉強が苦手な人は、「机に長く向かっていた」という報われない努力をしただけで、自己満足に浸ってしまう。

行動だけ頑張って、身体を酷使する「Work Hard」は、意味のある努力ではない。明確な目的を叶えるために、心身ともに頑張る「Try Hard」こそが、意味のある努力だ。

「努力の先にあるものに価値があるのであり、努力そのものには価値はない」
——野村克也（『凡人を達人に変える77の心得』より）

作業と勉強に使われる脳は、明確に分かれている

「システム1とシステム2」理論によれば、人間の脳には、2つの思考システムがある。

①作業に使われる、直観的で「怠惰」なシステム
②勉強に使われる、逆算的で「勤勉」なシステム

「怠惰」なシステムの例としては、「タイポグリセミア」と呼ばれる、単語の最初と最後以外の文字を並べ替えても、問題なく読めてしまう現象が挙げられる。

たとえば、この文章は何も考えなくても正しく読めるはずだ（以下『5ちゃんねる』より）。

「こんちには みさなん おんげき ですか？　わしたは げんき です。

このぶんょしうはいりぎすのケブンッリジだがいくのけゅきんうのけっか
にんんげはもじをにしんきするときそのさしいょとさいごのもさじえあいてっれば
じばんゅんはめくちちゃゃでもちんゃとよめるというけゅきんうにもづいとて　わざと
もじのじんばゅんをいかれえてあまります。
どでうす？　ちんゃとよゃちめうでしょ？」

ちなみに、ＡＩ研究者として、僕もケンブリッジ大学で研究をしたことがある。

「勤勉」なシステムの例としては、読解力が問われる文章が挙げられる。
たとえば、『ＡＩ vs. 教科書が読めない子どもたち』（新井紀子著）によると、この読解力問題は中学生の「９％」しか正答できなかったらしい。

「アミラーゼという酵素はグルコースがつながってできたデンプンを分解するが、同じグルコースからできていても、形が違うセルロースは分解できない。
この文脈において、以下の文中の空欄にあてはまる最も適当なものを選択肢のうちから１つ選びなさい。

セルロースは（　　　　　　）と形が違う。

（1）デンプン　（2）アミラーゼ　（3）グルコース　（4）酵素」

不正解の人がたくさん出てしまうのは、頭を使わずに、なんとなく直観で答えているからだろう。多くの人は「勤勉」なシステムを使うべき場面でも、知らず識らずのうちに、「怠惰」なシステムに頼ってしまっている。生き物にとって「エネルギー温存」は生存に直結するので、それは当然とも言える。しかし冷静になって、「怠惰」なシステムと「勤勉」なシステムをうまく使い分ける癖をつければ、答えが「（1）デンプン」なのは誰でもわかるはずだ。

このように、必要な場面で「勤勉」なシステムを駆使する状態だけが「勉強」であり、そのときに人は学びを得る。

「人間にとっての思考とは、猫にとっての水泳だ。つまり、できなくはないけど、あえてしたくはないものなのだ。」

――ダニエル・カーネマン（行動経済学を開拓した心理学者。『ファスト&スロー』より）

勤勉なシステムを使いこなせば、誰でも勉強が得意になる

「怠惰」なシステムを使って、簡単なことを無意識的にこなすときは、脳内で化学信号の伝達を伴う「短期記憶」しか生じないので、学びは得られない。

一方で、「勤勉」なシステムを使って、難しいことに意識的に繰り返し挑戦するときは、脳内で化学的変化が生じるだけでなく、ニューロン構造（例：新しい神経突起とシナプスの成長）や遺伝子発現レベルで変化が起こる。その結果、「短期記憶」が徐々に「長期記憶」に移行していくので、人は学びを得て成長できるのだ。

だから、作業ではなく勉強だけやって結果を出したければ、「勤勉」なシステムを使う割合を高めればいい。

常にカーナビをつけて運転すると、道に迷うことはない。でも道は覚えられなくなる。同様に、

「心地悪い場所」に身を置かないと、僕たちは何も学べない。

僕は勉強も、作業も、大嫌いだ。ほとんどの時間は趣味や関心事に使いたい。でも、だからこそ、16歳で東大に合格できたし、ストレートでＡＩ博士にもなれた。作業を最低限に抑えて勉強に集中すれば、努力は裏切らないから。

「手間を惜しむための手間を惜しまない」

——カリス

【科学的に間違った勉強法はやめて、正しい勉強法を取り入れる】

非効率的な勉強法とは、惰性に身を委ねた「怠惰な勉強法」を指す。勉強した感を出すこと自体が目的と化してしまっている人はとっても多い。

以下はその典型例と言えよう。

①テキストをひたすら何度も読む
②下線を引いたりハイライトする
③ノートを取る

これらは全て、単なる作業に過ぎない。何気なくやっている人は多いが、勉強法の比較実験で非効率性が露呈するなど、科学的に強く否定されている。

一つずつ解説していこう。

①テキストをひたすら何度も読む

テキストを延々と何度も読み続ける行為は、2つの構造的欠陥があるため、勉強効率が非常に悪い。まず、テキスト再読は「曖昧な内容の理解度向上」と「既知の内容の単なる復習」に大別できるが、惰性的な作業である後者の占める割合が大きい。さらに、再読を繰り返す中で、「Aの次にはB。Bの次にはC」というふうに、内容そのものではなくテキスト上の順序を覚えがちなので、理解度の低い箇所に気づきにくい。

②下線を引いたりハイライトする

カラフルなペンで教科書や参考書を一生懸命にデコレーションする行為は、単なる遊びだ。下線を引いたりハイライトしたところで、内容が自分の頭に入るわけではない。

③ノートを取る

意図を持たずにノートを取る行為は、不毛である。ノートを取ったところで、教科書や参考書の劣化版を作っているに過ぎないからだ。大事な箇所だけ取捨選択してメモするのは「あり」だが、何も考えずに惰性的にノートを取るのは「なし」だろう。

「目的を持たない人は、やがては零落する。全く目的がないぐらいなら、邪悪な目的でもある方がマシである」

――トーマス・カーライル（英国の評論家・歴史家）

勤勉なシステムを使う、3つの科学的勉強法を駆使する

効率的な勉強法とは、冷静さと積極性に溢れた「勤勉な勉強法」を指す。意味のある努力は、ほぼ必ず報われる。

その典型例を次に示す。

①勉強する「前」に模擬試験を行う
②間隔を空けて練習と模擬試験を繰り返す
③質問形式でメモする

これらは全て、勉強である。直観に反するが、科学的には理にかなっている。

一つずつ解説していこう。

①勉強する「前」に模擬試験を行う

勉強する前に過去問を解くのは、一見理不尽に思えるが、2つの理由で勉強効率が非常に高い。まず、何も知らない状態で過去問を10～20年分解けば、当然間違えまくるが、試験に出る内容への感度が非常に高まるので、試験に出そうな内容だけ勉強できるようになり、暗記に必要な労力が3割程度に減る。さらに、脳科学には「ハイパーコレクション」というものがあり、人間の脳は間違えた事柄を強く記憶するので、過去問を全然解けずメンタル的にしんどい思いをするのは、理にかなっている。

たとえば、「オーストラリアの首都はどこ?」という質問に「シドニー」と間違えて答えた記憶がある人は、恥という「記憶のトリガー」があるので、正解である「キャンベラ」を長期記憶として保ちやすい。だから問題を解くときは、答えや解き方がパッとわからなくても、すぐ解説を見たり、人に聞いたりせず、十分に悩んでから答え合わせをする癖をつけよう。

②間隔を空けて練習と模擬試験を繰り返す

忘れそうなころに積極的に思い出す「想起学習」を行うと、短期記憶は長期記憶に移行する。

想起学習には、模擬試験だけでなく、想起間隔と練習も重要である。

●**想起間隔：**2〜3日後・1週間後・1か月後というふうに徐々に想起間隔を延ばしていくと、忘れそうなころにちょうど思い出せる。最適な想起間隔は、記憶を保持したい期間によって異なり、長い保持期間ほど長い想起間隔を要する。思い出すべきタイミングにアラートしてくれる、フラッシュカードのアプリを利用するのも効果的だ（例：Ａｎｋｉ）

●**練習：**テキストを再読する代わりに、自分でテキストを作る。概念や単元名などのキーワードを見て、活用を意識しながら、自分の言葉で説明してみる。完全な文章ではなく、箇条書きやメモリーツリー形式で殴り書きする。うまく説明できない箇所は赤字でハイライトしておいて、後から覚え直す

●**自作テキストにおける、キーワードと説明の例**

(a) 英語の文法（例：関係代名詞）→概要・項目・用法・例文を書く
(b) 数学の概念（例：ユークリッドの互除法）→定義・記号・証明・練習問題を書く
(c) 国語の単語（例：よく出る古文の動詞）→単語とその意味を枚挙する

(d) 化学の化合物 (例：ベンゼンの反応) ↓ 性質・反応例・用途を書く
(e) 心理学の用語 (例：カクテルパーティー効果) ↓ 概要・理論・応用を書く

③質問形式でメモする

授業や自習中に大事だと思った箇所を質問形式でメモすると、効率の良い想起学習ができる。テスト直前などにメモを読み返し、解答できるか試せば、弱点を埋められるからだ。たとえば、「縄文時代の人の平均身長は？」というクイズを作って、後で「男：158cm、女：149cm」と答えられなかったら、覚え直せばいい。

「科学は前進するが、人間は変わらない」

――クロード・ベルナール (『随想』より)

【英語は一気に迅速に科学的に、マスターする】

英語は根性論ではない。科学だ。

日本人の英語がうまくならない理由は、根性に頼った勉強法にある。逆に言えば、科学的勉強法さえ実践すれば、日本人の英語はすぐペラペラになる。

日本人の英語が通じない理由

日本人には、以下のような間違った英語を使う人が多い。

- **発音**：RとLの音が区別できない
- **文化**：空気を読んでしまい、ストレートな表現ができない
- **文法**：「〜についてどう思う？」を「How do you think about?」と言ってしまう（正しくはHowではなくWhat）

●**文法**：「宿題」を数えて「Homeworks」と言ってしまう（正しくはHomeworksではなくHomework）

その理由は「母語によるフィルター」にある。言語処理とは、音声・文法・意味・世界知識などのルールを用いて脳内で行われる「瞬時かつ複雑な認知的処理」であるが、英語と日本語ではルールがまるで違う。そのため英語ではなく、日本語に頼って英語を処理すると、こうした間違いが生じてしまうのだ。

母語によるフィルターを解除するには、まず英語の「型」を知っておかねばならない。特に、英語力に直結する「自動化」と「気づき」を与えてくれる、発声・発音・文法・単語といった「明示的知識」のインプットが大切だ。

①**自動化**：深く考えることなく、文脈から正確な文章を自動完成する能力。ネイティブは会話の一部を聞くだけで意味を推測できるし、単語をいちいち選ばなくても自然にそれっぽく話せる。非ネイティブは一つひとつの単語を大脳で考えがちだが、ネイティブはほとんどの単語を「運動の自動化」を司る小脳で自動処理している

②**気づき：** 間違った英語が間違っていると気づく能力。自分や人の間違いに気がつかなければ、同じ間違いを何度も繰り返してしまうので発展がない。気づきのレベルが上がると、間違った英語だけでなく、不自然な英語やセンスのない英語にも気づけるようになる

英語の型さえ覚えてしまえば、型を破って自由に話せるようになる。なのに多くの日本人は、型すらわからない状態で、「伝えようとする気持ちが大事！」などと、謎の根性論に頼って闇雲に英語を話そうとするから、いつまで経っても稚拙な英語のままなのだ。

僕は英語の型である発声・発音・文法・単語を全てマスターした。

おかげで、4年連続でケンブリッジ大学などの海外のトップ大学で研究したり、英語論文を二十数本書いたり、二十数か国百数十都市を回ったりしたが、英語で困ったことは一度たりともない。

「目的や方向性が無い場合、努力と勇気だけでは充分ではない」

——ジョン・F・ケネディ（第35代米国大統領）

英語の型を学ぶ科学的方法

発声・発音・単語・文法を学ぶべき必然性は十分に伝わったはずだ。

ここでは、その最短経路である科学的英語学習法について述べる。

①**発声**：発声器官を使って声を出す行為。音声情報を構成する(a)音の高さ、(b)音の大きさ、(c)音色、の3つさえ英語のそれに合わせておけば、英語は100%有無を言わさず通じる

(a)音の高さ（周波数）：口内で調音する日本語は音が高いが、喉奥で調音する英語は音が低い。よって、低く話せば、英語っぽく聞こえる

(b)音の大きさ（音圧）：高低アクセントの日本語は強調箇所を高く話すが、強弱アクセントの英語は強調箇所を強く話す。よって、アクセントの位置を間違えてもいいから、大事な単語を強く話せば、英語っぽく聞こえる

(c)音色（波形）：日本語は単語間に間があるが、英語は常にノイズが続く状態で話すので単語間に間がない。よって、単語間に間を入れず滑らかに話せば、英語っぽく聞こえる

②**発音**：発声器官で加工した言語音を出す行為。以下のステップで体得できる。(a)発音記号を覚える→(b)複数の発音記号が繋がったときのルールを覚える→(c)発音記号を使って、最も簡単な単語約2000個の発音を完璧に覚える。単語の勉強が必要なら、もっと難しい単語でも同様に行う→(d)早口言葉で難しい発音や似た発音の訓練をする

③**文法**：文章を作る上での決まり事であり、「よくある言葉の使われ方」をまとめたに過ぎない。だから、(a)よく使われる文法と、(b)日本人が間違えやすい文法、を中心に覚えるべき。オススメの文法書は『English Grammar in Use』だ

「科学とは、組織化された知識である」

——ハーバート・スペンサー（『教育論』より）

英語の型を破る科学的方法

発声・発音・単語・文法を学んでからは、その型を破らないといけない。

ここでは、自分の「弱み」や「目的」に応じて型を破る科学的英語学習法について述べる。

型を覚えても、体得しきれない弱みは残るし、自身の目的に沿って型を応用する必要性も生じる。しかし、覚えた型をどう破ればいいのか、自分で判断するのは極めて難しい。

そこで、最短での弱点補強と実力向上に向けて、ChatGPTなどのＡＩに添削してもらうことを、僕は強く勧める。膨大な量の英文と英語音声で学習されたＡＩのほうがネイティブ講師より安く、24時間いつでも使えて、専門性も高い。

具体的には、自身が事前に用意したスクリプトを読み上げて、音声認識できるＡＩから的確なフィードバックを得て、活用するのが最も効率が良い。

オリジナルのスクリプトを使えば、以下のように自分の「弱み」や「目的」に応じた学習ができるし、オンライン英会話の典型的な失敗例である「単なる雑談」「受動的な学習」にも陥らずに済む。

①**特定発音の練習**→発声・発音
②**英語日記の添削**→単語・文法
③**ネイティブの真似**→洗練された英語

一つずつ説明していく。

①**特定発音の練習**：うまく発音できているか怪しい発音記号・複数の発音記号が繋がったときのルール・早口言葉を例文とともに用意し、AIの前で読み上げてフィードバックを得る。たとえば、「Gの音はもっと振動させたほうがいい」「LとRの発音は完璧」などのフィードバックをもらえば、自分ができている／できていない発音が明確にわかる

②**英語日記の添削**：一日の出来事を振り返ってみて、駆使したい表現を存分に入れた英語日記を用意し、AIの前で読み上げてフィードバックを得る。たとえば、「get rid of the fatigue of the dayはrecharge for the new dayと書き換えることもできる」「All-InはALL-INと書き換えられる」などのアドバイスをもらえば、自分の単語・文法の幅を広げられる

③ネイティブの真似：ビジネスや科学、自己啓発などに関するスピーチや、日常や法律、経済などに関する映画のセリフなど、自分に合ったトピックのスクリプトを用意し、事前に元音声に沿ってネイティブを真似て練習してから、ＡＩの前で読み上げてフィードバックを得る。たとえば、「want to/have toは、wanna/haftaと読んだほうが自然」「緩急をつける場所を明確にすべき」などのアドバイスをもらえば、洗練された英語により近づく

僕自身も英語の型を学んでからは、弱点補強と目的に合った学習に集中したおかげで、英語の型を大きく破れた。

もし僕が普通の日本人同様に、毎日ダラダラ英会話レッスンを受けたり、専門性のない人に英語のアドバイスを求めていたら、こんなに英語が上達することは決してなかっただろう。

「エベレストに登ろうと思ったら、誰でも経験者を探してアドバイスを求める。それなのに、お金の世界でエベレストに登るときには、ほとんどの人が、自分自身が沼地にはまって出られないでいる人からアドバイスをもらおうとする」

——ロバート・キヨサキ（『金持ち父さん 貧乏父さん』著者・米国の投資家）

やる気がなければ、やる気スイッチを押す

やる気がないから、勉強や仕事ができないわけではない。

やる気という言葉は、やらない自分を正当化するための言い訳に過ぎない。だから「やる気がなくなった」のではなく、「やる気をなくす」という決断を自分でしただけだ。「変われない」のではなく、「変わらない」という決断を自分でしているだけだ。

面倒なときほどあれこれ考えがちだが、そうではなくて、一日行動を起こしてしまえば、やる気も勝手に湧いて行動を貫けるようになる。無理やりでも笑顔を作れば、誰でも幸せな気持ちになるように、行動は「慣性の法則」に従うのだから。

人間だって動物なんだから、ドーパミンやオキシトシンのような脳内麻薬がドバドバ出る行動以外は、自発的に行わなくて当然である。そこで、「頑張らなくても」やるべき行動を継続できるように、行動の始発になるような「やる気スイッチ」を押すことを習慣化する必要がある。

僕は習慣的に、わからないことや新しいことに直面したら、とりあえず調べたり本を読んだりするし、仕事が乗り気でないか捗らないときは、とりあえず場所を変えたりして、行動のきっかけを作るようにしている。

「『やる気』という言葉は、『やる気』のない人間によって創作された虚構なんですよ」

——池谷裕二（脳科学者）

側坐核を刺激し、やる気を出す

やる気は、誰でも簡単に出せる。

やる気に特に関与しているのは、脳の運動野の隣にある「側坐核」なので、この側坐核さえ刺激してしまえば、やる気は出せるから。

やらないといけないとわかっているけど、やる気が出ないときに使える、やる気を出すための脳科学的方法を4つ紹介しよう。

①**5分だけやる：**5分だけでもやってみたら、運動野経由で側坐核も刺激されてやる気が出るので、案外何時間でも行動を継続できるようになる。逆に言えば、二度寝やゲームなども、5分だけのつもりが慣性で長引きやすいので、注意する必要がある

②**場所を変えてやる：**場所を変えると新鮮な刺激が入って、海馬経由で側坐核も刺激されてやる気が出るので、場所を自分の部屋・リビング・図書館・カフェというふうにローテーションすると、気持ちを入れ替えて行動を継続できるようになる

③**終わったらご褒美をやる：**報酬のことを考えるとドーパミンが出て、腹側被蓋野経由で側坐核も刺激されてやる気が出るので、「勉強が終わったら漫画を読む」「仕事終わりに映画を観る」というふうに頑張った後のご褒美を決めておくと行動を継続できるようになる

④**ポジティブな自己暗示をやる：**自己暗示すると、前頭葉経由で側坐核も刺激されてやる気が出るので、「絶対に東大に受かる！」「出世して部長になる！」というふうにハッタリでいいから信じ込むと行動を継続できるようになる

この4つの方法は、僕自身も常に実践している。たとえば、受験生のときも、毎日寝る前に『魔法先生ネギま！』という漫画を20〜30分読むようにしていたからこそ、毎日12時間の勉強に耐えられたんだと思う。

自分の脳をハックして、毎日、英雄になろう。

「勝利とは習慣なのだ」

——ウィンズ・ロンバルディ（アメリカンフットボールのコーチ）

生存本能で、行動を変える

行動は、誰でも簡単に変えられる。

行動は脳の機能発現であり、脳は生存のために必要なものだけを取捨選択するようにできているので、この「生存本能」さえ利用してしまえば、行動は変えられるから。

やる気を出すだけでなく、中長期的に行動を変えるための脳科学的方法を3つ紹介しよう。

①**社会的同調**：生存率を高めるために、脳は周りの人と同じ行動を取りたがるので（危険察知や社会的学習を行うミラーニューロンが関与）、ロールモデルや仲間を見つけると、「こんなところで落ち込んでいる場合ではない」「ライバルに負けたくない」などと思って自分も行動を変えて、その行動を中長期的に継続できるようになる

②**即時の報酬**：「終わったらご褒美をやる」の延長線として、大目標・中目標・小目標を設定し、各々を達成するたびに報酬を与えれば、必要な行動を中長期的に継続できるようになる。そのためには毎日・毎週・毎月・毎年、定期的に息抜きの時間を設けるのも大切だ

③**進捗管理**：生存率を高めるために、脳は環境を制御したがるので、自分の中の明確な基準に沿って進捗管理すれば、成長も感じやすいし軌道修正もしやすいので、必要な行動を中長期的に継続できるようになる。たとえば、「毎日1回、自分の書いたコードをＧｉｔＨｕｂ（ソフトウェア開発のプラットフォーム）にコミットする」は明確な基準なので進捗管理できるが、「プログラミングをマスターする」は単なるガッツなので進捗管理できない。進捗管理においては、勉強だと模擬試験の活用が、仕事だとマイルストーンの意識が重要だ

この3つの方法は、僕も常に意識している。たとえば、僕がナポレオンやスティーブ・ジョブズ、イーロン・マスクをロールモデルにしているのは、彼らのように何かを成し遂げたいからで、超優秀な研究者や経営者の仲間が多いのも、彼らに負けたくないからだ。

短期的にはやる気を出すための脳科学的方法4つでやる気を出して、中長期的には行動を変えるための脳科学的方法3つで行動を変えていけば、誰でも天才になれる。

「人間の脳は進化の最高傑作であると教えられたが、私にはそれが生存のための非常に貧弱な枠組みであるように思えるのだ」

――カート・ヴォネガット（米国の小説家）

本番での緊張は克服するのではなく、受け入れる

試験やプレゼン、面接、告白などの本番で緊張してしまい、本来のパフォーマンスが発揮できない「あがり性」の人は多い。

でも、緊張はそもそも克服しようとしなくたっていい。

緊張は克服するのではなく、受け入れるもの。緊張は、身体が本番に向けて準備を整えているサインであり、良いものだから。もちろん、不安や焦りも同じく良いものなんだから、受け入れるべきだ。

僕たちは、自分の行為に思い入れがあって、成功したいと思うから緊張する。緊張は、アドレナリンの分泌によって引き起こされるが、そのときに注意力と反応速度が高まることがわかっている。つまり緊張は「武者震い」なんだから、誇っていい。大事なのは緊張しないことじゃなく、緊張していることを認識したうえで、「どうベストパフォーマンスを出すか」に尽きる。

僕だって、重要な試験本番やプレゼン、テレビ収録などではよく緊張する。だけど、「だからどうした。ワクワクするな」としか思わない。

僕は緊張したからパフォーマンスを落としたりはしないし、むしろ期待に応えつつ、予想を裏切ろうとする。

「緊張と不安っていうのは、ボクシングって殴り合いですから、必ず付き物だと思うんですけど、自分が100%準備をしてきたときは楽しめます。自信もあり、不安もあり、緊張もあり、それがすごく研ぎ澄まされたときに、あれだけのパフォーマンスが出せると思ってるんで、緊張・不安も必要なんですよね」――井上尚弥（ボクサー）

普段は、最悪の事態に備えておく

普段の勉強や訓練において、毎日、自分が納得するレベルで準備できているなら、本番でも自分のメンタルは保てるし、崩れることは決してない。

ラテン語には「何にでも準備ができている」を表す「In omnia paratus」という言葉があるが、「最悪の事態」を想定し、全てが準備できていれば、本番は怖くないし、むしろ楽しめる。

ここでは、最悪の事態に備えるための心理学的方法を3つ紹介しよう。

①**うるさい場所でのリハーサル**：なるべく細かいところまで意識しつつ、模擬試験や模擬プレゼンなどの形で本番の流れを何度も掌握しておけば、本番でも緊張を意識することなく、身体が勝手に動くのでベストパフォーマンスが出せる。場所は、カフェやラウンジといった、集中力を阻害するノイズがある場所のほうが、不測の事態への対応力が高まるのでいい

②**イメージトレーニング**：本番の流れを意識しつつ、自分がやるべきことと、うまくいかなかったときの対処法を可能な限りイメージしておけば、本番で迷いが減り集中力が高まる

③**恥をかく練習**：序章でも語ったように、コンビニで「アイス温めてください」と言ったり、マックで「スマイルください」と言ったりと、わざとバカをやらかしてみて、それでもなんてことないと体感できれば、本番で過度に緊張せずに済む。失敗の場数を踏んで、解脱しよう

この3つの方法は、僕自身もいつも取り入れている。たとえば、受験生のときも、よくうるさいカフェで模擬試験を解いたり、特定のキーワードやその活用を自分の言葉で説明する練習をしていたからこそ、試験本番でも問題文を読んだだけで3秒以内に手が勝手に動いてベストパフォーマンスが出せたんだと思う。

自分の心をハックして、毎日、自由になろう。

「私は最悪の事態に備え、最良の事態を期待する」

——ベンジャミン・ディズレーリ（英国の元首相）

本番直前は、リラックスして臨む

毎日、自分を十分追い込めているなら、本番では自信を持って堂々と臨めばいい。

ラテン語には、カエサルがルビコン川を通過する際に言ったとして知られる、「賽は投げられた」を表す「Iacta alea est」という言葉があるが、本番直前ではもう引き返すことはできないのだから、「リラックス」してありったけの自分をぶつければいい。

ここでは、リラックスして本番で決めるための心理学的方法を4つ紹介しよう。

①**本番開始3時間前の起床**：脳の働きが活発になるには、3時間ほど時間がかかるので、本番開始3時間前には起きる。早起きが必要なら、本番の数日前から身体を慣らしておく

②**普段通りの振る舞い**：本番直前や本番途中に緊張したときは、「頭の回転が遅くなった」「頭が痛い」「汗を流している」など、自分が緊張しているという状況を受け入れた上で、目標達成のために何をすべきか考えて普段通りに行動する。試験や面接会場などだったら、緊張している他人を探して、自分を客観視すると、いつもの感覚を取り戻しやすい

③**成功した自分の想像**：本番の後の自分が成功している姿も具体的にイメージし、その自分を受け入れると、ワクワクしてベストパフォーマンスが出せる。「東大に合格して赤門前を楽しそうにくぐっている自分」「告白が成功して意中の相手と楽しそうにデートしている自分」などをイメージしよう

④**パワーポーズ**：この章の第1節でも語ったように、腕や脚を広げて、自分を大きく見せる「大きな態度」を数分取れば、ストレスが減って自信が高まる。特に本番の直前にやるのがオススメ

この4つの方法は、僕自身も常日頃実践している。たとえば、『日曜日の初耳学』の収録時に僕は大勢の人に見られて凄く緊張していたが、林修先生から「いつもの YouTube の喋り方でいいですからね」と言われたおかげで、それからはいつも通りに気持ち良く話せた。

普段は最悪の事態に備えるための心理学的方法3つで準備万端に整えて、本番直前はリラックスして本番に臨むための心理学的方法4つで確信を持てば、誰でも天才になれる。

「できると思えばできる、できないと思えばできない。これは、ゆるぎない絶対的な法則である」
——パブロ・ピカソ

第3章

人間関係

人と群れずに、自分と向き合う

不安遺伝子保有率が8割を超えるといわれる日本人は、世界で最も不安を感じやすい。そのせいか、孤独を恐れ、必要以上に群れたがる日本人は多い。

- ●誰かと同じで安心する
- ●学校や会社、国に依存する
- ●人の顔色ばかり見て行動する
- ●外したくてもマスクをつけ続ける
- ●流行りの洋服や音楽だけ追いかける
- ●馴染めないと不安障害やうつ病になる

思考停止と没個性。

人間は、一人でしか「思考」も「選択」もできないはずだ。それなのに、群れの中に紛れているうちに、本来の「個」を見失ってしまっているのだ。

孤独の中でしか、人間は思考できない

孤独は、孤独死から連想される、他者から拒絶される「寂しくて惨めなもの」ではない。孤独は、『孤独のグルメ』から連想される、他者に本当の自分をぶつける「自由で堂々としたもの」だ。僕たちは一人になって初めて、自分の眼で視て、自分の心で感じて、自分の思考で考えて、自分で道を敷くことができる。

当然、何か新しいことをすると、無視されることだって、失望されることだってある。でも、それは自分が道の最端に立っている証しなんだから、自分の感性を信じていいし、自分の慣性を誇っていいし、自分の完成を願っていい。

だから勝ち組は「自分」を信じ、負け組は「空気」を信じる。

「人間は、考えることは一人でしかできない。一人になって自分を見つ

め直すことで人との繋がり方を見出すことができる。それを唯一可能にしてくれる孤独が寂しいんですか。僕の経験では『孤独は嫌だ』という人の共通点は本を読まないこと」

――林修（『日曜日の初耳学』より）

周りを見渡せば、群れから離れて傷つくのが嫌で、多数決を美徳として生きている人がとても多い。しかし多数決で「改善」は起きても「革新」は起きない。ほとんどの会社・学校・地域・国が潰れる現代において、創造性を殺した無難な選択をしてもジリ貧になるだけ。得点を決めるには、結局は、勇気あるエゴイスト一人に頼るしかない。

僕が起業するために独立したときも、一人だった。一人だったからこそ、独立的で、独善的で、独創的でいられた。だから「世界を巻き込む医療AI革新を起こす」という僕のビジョンには、多くの仲間・投資家・医療施設・提携先などが惹かれ集まってくれた。それまでの8か月間の無給・無休生活はとても苦しかったが、僕は自分で道を敷いたことを一生誇りに思う。

何も考えずに、ただ群れ続ける人生はやめよう。

希望は「感情」ではなく「意志」なんだから、一歩踏み出せば「なりたい自分」になれるさ。

「意志もまた、一つの孤独である。」――アルベール・カミュ

孤独の中でしか、人間は成長できない

「人と違う人間になること」が成長だとするならば、孤独なくして成長はあり得ない。己と向き合い、研鑽を積み、結果に責任を取る。つまり「制約」と「誓約」を課すことで、人は成長できるのだ。

●毎日５㎞走る
●毎日５時に起きる
●毎月10冊読書する
●年内に１０００万円稼ぐ
●年内に英語をマスターする
●一生お酒とタバコをやめる

このように行動を「制約」することで、迷いを断ち切って目標を達成できる。さらに破ったときのペナルティも「誓約」すれば、より己を律しやすいだろう。

だから『HUNTER×HUNTER』のクラピカは、「幻影旅団にしか技を使えない」という制約と「幻影旅団以外に技を使えば命を落とす」という誓約を課しているのだ。

友達と戯れていても、願望が叶うことはない。孤独を恐れず、自分の世界に没頭してやっと、なりたい自分に近づく。

成長したければ、馴れ合うのをやめて、自分磨きに徹しよう。

毎日友達と同じような雑談をして、毎日友達と同じような授業を受けて、毎日友達と同じようなテレビ番組やYouTube動画を見て、「人と同じこと」を繰り返しているのなら、成長できるはずがない。成長したければ、この世界に生まれた意味を考えて、「人と違うこと」をするしかない。

だから勝ち組は「オンリーワン」を目指し、負け組は「ワンオブゼム」を目指す。

「狂気とは即ち、同じことを繰り返し行い、違う結果を期待すること」
——リタ・メイ・ブラウン（『サドンデス』より）

実際に脳科学的にも、マギル大学の神経学者ダニロ・ブドク氏らの研究によれば、孤独な人ほど空想・回想・創造などを司る脳領域の接続性が高いことがわかっている。
長期的に社会的経験が減る分、脳内活動が活発になるので、脳内ネットワークが向上し創造力が豊かになるのだ。

孤独を恐れる必要はない。
精神的に自立することで、人より「新しい景色」を迎えに行こう。

「独生独死　独去独来」
——釈迦

孤独の中でしか、仲間はできない

「共通目的を達成するために集まった人」が仲間だとすれば、孤独なくして仲間は得られない。強みを確立し、やりたいことを見つけ、協力して成し遂げる。つまり「目的」と「役割分担」のもとで、仲間は集まるのだ。

●東大合格を目指す
●甲子園優勝を目指す
●投資利益10億円を目指す
●開発途上国の経済と社会の発展を目指す
●地球上で最高の製品を作って豊かな社会を目指す
●医療AIでみんな健康かつ笑顔で暮らせる社会を目指す

このように同じ「目的」を果たすべく、各々が「役割分担」して力を合わせてこそ、大きな目標は達成できる。

だから『スラムダンク』の湘北高校には、「全国制覇」という共通目的に惹かれた仲間が集い、各々がポイントガード・シューティングガード・スモールフォワード・パワーフォワード・センターという「それぞれのポジション」で役割を果たせたのだ。

仲間は多く必要だが、友達は数人だけでいい。本当の親友を除けば、無理して価値観を合わせて、ただ集まって騒いで何も生み出さない関係だからだ。愛せないなら、ライフステージが変わればすぐ疎遠になる「通り過ぎ」でしかない。

友達は増やしても意味がない。それよりは、リスペクトできてお互い成長し合える、優秀な仲間のほうがずっと大切だ。

だから勝ち組は「仲間」を増やし、負け組は「友達」を増やす。

「友達はいらない――友達を作ると人間強度が下がるから」

――阿良々木暦（西尾維新『終物語』より）

起業家ジム・ローンの「あなたの周りの5人の平均があなたである」という言葉のように、僕たちは周囲から絶大的な影響を受けている。周りに肥満の人が多いと肥満になりやすいし、勉強が苦手な人が多いと勉強が苦手になりやすいし、成功者が多いと成功しやすい。

要は人生において、付き合うべき人とそうでない人の選別は、とても重要なことだ。

さあ、お友達クラブの羊の群れから抜け出して、孤独な一匹狼になろう。一匹狼は、別の一匹狼を見つけて仲間にし、新たな集団を作る。そうやって、仲間と一緒にデカいことを成し遂げたほうが人生は楽しい。

勇者とは、勇気を持って一歩を踏み出す者。

勇者よ、パーティを組んで「魔王」を倒せ！

「運命は勇者に微笑む」
——羽生善治

【人を否定せず、自分も否定しない】

幸せな人生は人間関係で決まる、と言っても過言ではない。
しかし残念ながら、人間関係で悩む人は非常に多い。

- ●意見がぶつかって揉める
- ●お互いの価値観を否定する
- ●自分の感情を無理やり抑える
- ●誰かと比較して自分を見下す
- ●納得しないまま自分の意見を曲げる
- ●コミュニケーション不足で誤解が生じる

これらの悩みは全て「否定」に由来する。

相手を否定して「不和を招く」か、自分を否定して「自信を失う」か。どちらにしろ、ＱＯＬ

が低下するので速やかな解消が必要だろう。

他者否定は「対立」を生み、自己否定は「疑念」を生む

人間である以上、誰しも欠点や癖の一つ二つはあって当然だ。だから相手や自分のあら探しをせず、問題もひっくるめて「肯定」したほうが人生は楽しくなるし、成長もできる。

どんなときも、僕は僕のままで、君は君のままで、迷いながら答えを探し続けるのでいいのだ。

「文句ばかり言う相手や、世間のあら探しが好きな相手と一緒にいるよりも、幸福そうな顔をした人や、成長して人生を楽しむことに関心を抱いている人に囲まれているようにしなさい」

――ウェイン・ダイアー（米国の心理学者）

近年、「ポジティブ心理学」という学問が注目されるようになったが、ポジティブ心理学は、「常にポジティブ思考をすべき」と主張する学問ではない。「ネガティブ思考は合理的判断に欠かせない重要なものだが、いざ失敗や不運に直面した際は、希望を見いだして前進できるように楽観

主義になるべき」と主張している。

そこでこの学問では、人間の弱みや短所ではなく「強み」や「長所」に着目し、「幸せに生きる方法」を科学的に研究する。

ポジティブ心理学が追求する「幸せ」は、一時的な快楽ではなく、「ウェルビーイング」と表現される、肉体的にも精神的にも社会的にも満たされた状態だ。そんな主観的に幸福な人は、そうでない人より行動的・健康的・生産的・創造的・友好的であることがわかっている。研究結果によると、幸福感や生活満足度を向上させるためには、相手と自分の両方を肯定してポジティブな感情を増やすことが欠かせないそうだ。

ウェルビーイングを決定づける指標は5つあり、「PERMA（パーマ）」と呼ばれる。

①**Positive Emotion（ポジティブな感情）**：愛や喜び、感謝といったポジティブな感情を抱くと、ネガティブな感情が消えるし、回復力・行動力・幸福度も高まる

②**Engagement（没頭）**：「ゾーン」に入って何かに没頭すると、ネガティブな感情が消えるし、集中力・生産性・幸福度も高まる

③Positive Relationship（ポジティブな人間関係）：友人や家族、仲間といったポジティブな人間関係を持つと、「自分は必要な存在」と認識するので、幸福度が高まる

④Meaning（人生や仕事の意味）：何か自分よりも大きなことに貢献しているという感覚、すなわち人生や仕事の意味を見いだすと、幸福度が高まる

⑤Accomplishment（達成感）：「価値のある目標を達成した」という達成感を味わうと、幸福度が高まる

問おう。あなたはこれらの5つの感覚を、日々噛みしめながら生きているだろうか。「否定」ではなく「肯定」が根幹にある、これら「PERMA」を意識しながら生きれば、誰もが幸せな人生を送れるはずだ。

ポジティブ心理学で最も有名なエクササイズとして「Three good things」がある。これは、ポジティブ心理学の創始者であるマーティン・セリグマン教授が考案した、「1週間連続で、寝る前にその日あった『三つの良いこと』を書き出す」というもの。うつ状態の人がこれを1週間続けただけで、その後半年間も幸福度が向上したらしい。

一度きりの人生なんだから、僕は「やりたいこと」と「得意なこと」しかやらない。苦手なことは役割分担し、得意な人に任せればいい。自分も相手も肯定すると決めたんだから。

「自分とは一生の付き合いなのだから、楽しんだ方がいい」

――ダイアン・フォン・ファステンバーグ（米国のファッションデザイナー）

相手を肯定すれば、「信頼」と「幸福感」が高まる

おおらかに生きよう。

ポジティブな人間関係を持ち、意味のある人生に没頭したときこそ、人は幸せを感じるから。

他者否定は「対立」と「不和」を引き起こす。他者否定とは、本質的には相手の価値や存在を低く見る行為であり、言葉・態度・行動を通じて相手の自尊心を傷つけるので、人間関係を緊張させて対話を阻害する。たとえば、「否定的な相互作用が多いカップルほど、関係の満足度が低く長続きもしない」という直観は、研究でも明らかになっている。

一方で他者肯定は、「信頼」を引き出し、「幸福感」を高める。他者肯定は、相手の価値や存在を尊重・理解・受容する行為で、相手の自尊心を満たすので、人間関係を円満にしてコミュニケーションを促進する。ポジティブ心理学によると、他者に親切な行為をすると、作用・反作用の法則みたいに、「自分は必要な存在」と認識することで自身の幸福感も高まるので、より健康的で充実した人生を送れるのだそうだ。

他者肯定で信頼関係を形成する上では、以下の4つの方法が特に有効である。

①**称賛**：相手の強みや長所、成果を見つけて称賛する
②**感謝**：相手の行動に対し、感謝の言葉を積極的に述べる
③**尊重**：相手の意見を真剣に聞き、尊重する。また、相手と秘密を共有したり、重要な仕事を任せるなど、信頼を寄せる
④**共感**：相手の感情や視点を理解し、共感する

あなたは普段、どれだけ人に「称賛」「感謝」「尊重」「共感」の気持ちを伝えているだろうか。もし人間関係がギスギスしていたら、もっと気持ちを伝えてみるといい。

「人付き合いがうまいというのは、人を許せるということだ」

――ロバート・フロスト（米国の詩人）

自分を肯定すれば、「意欲」と「幸福感」が高まる

自己満で生きよう。

ポジティブな自己評価を持ち、マイペースに行動したときこそ、人は幸せを感じるから。

自己否定は「疑念」と「不安」を引き起こす。自己否定とは、自分自身の価値や存在を低く見る行為であり、達成意欲を低下させるので、パフォーマンスが著しく悪化する。これは、「自己効力感」や「学習性無力」などの心理学理論として広く知られている。

一方で自己肯定は、「意欲」を引き出し、「幸福感」を高める。自己肯定は、自分の価値や存在を尊重・理解・受容することで自尊心を満たすので、挑戦的な状況における対処能力を高める。

ポジティブ心理学によると、自己肯定が多い人ほど「自分なら達成できる」と認識することで幸

福感が高まるので、より積極的で充実した人生を送れるらしい。

自己肯定で達成意欲を掻き立てる上では、以下の4つの方法が特に有効である。

①称賛：自分の強みや長所、成果を見つけて称賛する

②感謝：自分が達成したこと、自分が健康であること、自分が得た経験に対し、感謝の言葉を積極的に述べる

③対話：自分と向き合って、自分の本心を把握し優先する。また、うまくいかなくても「失敗」ではなく「Nice Try!」と捉え、自分を鼓舞する

④目標設定：自分の価値観に合った、達成可能な目標を設定する

残念ながら、他者に対してならともかく、自分に対して積極的に「称賛」「感謝」「対話」「目標設定」をしている人は、あまりいないだろう。しかし、自分が満足して初めて、僕らは相手にも満足を与えることができる。自分が楽しくなければ、相手もがっかりするものだ。

欲望を肯定しよう。

「何よりもまず汝自身を尊敬せよ」

――ピタゴラス

話す内容よりも、相手の気持ちを優先する

情報化社会に生きる我々は、物事を決める際に、データの分析や統計に基づく「論理」を重んじる。

必要・十分条件、場合分け、ヒエラルキー、仮定、背理、逆、裏、待遇といった様々な論理性をうまく駆使すれば、あらゆる成功確率がグンと上がるからだ。

では、人を説得するためには、研ぎ澄まされた「論理」をぶつけるだけでいいのか。

否、違う。

残念ながら、そして当然ながら、人は理性で動く合理的な生き物ではない。矛盾を内包し、感情に論理を被せて生きているだけだ。だから、相手が興味を持たない論理を重ねても、説得することはできない。

人を動かしたければ、理性ではなく気持ちを動かして、「共犯関係」になったほうが得策だ。

「人間は、ある意見を、そうだと思いこむと、すべての事がらをその意見にあわせ、その意見が正当であると主張するのに、都合が良いように寄せ集めるものだ」

――フランシス・ベーコン（英国の哲学者）

人は都合の良い論理で意思決定する

認知心理学によると、人には「確証バイアス」があり、誰しも自分の思い込みや願望を強化する情報ばかりに目が行き、そうではない情報は軽視してしまう傾向がある。

このように論理は、人が感情と利害で動くための「燃料」でしかない。

「万学の祖」とも呼ばれるアリストテレスは、著書『弁論術』において、説得の三原則としてロゴス・パトス・エトスを挙げ、ロゴスよりもパトスが、パトスよりもエトスが重要だとしている。

●**ロゴス**（**論理**）：理論立てて相手を説得すること

●**パトス（情熱）**：熱く語って相手を説得すること
●**エトス（親近感）**：信頼を得て相手を説得すること

ここでは、ロゴスをうまく使いこなすためのテクニックを5つ紹介しよう。

①**比較**：関連する事例と比較し、主張を具体化する。例：国内での医療AI推進を訴えるとき、国内と海外のAI医療機器製品数を比較する

②**三段論法**：大前提→小前提→結論を明示し、論理を重ねる。例：喫煙に反対する際、「タバコにはニコチンが含まれる」→「ニコチンは依存性と発がんリスクが高い」→「だからタバコは健康被害が大きい」と順序立てて話を展開する

③**証拠の提示**：信頼できるデータや研究結果などを引用し、主張を裏付ける。例：健康に関する提案において、世界保健機関の公式統計を引用する

④**論点の整理**：主要なポイントを枚挙し、論旨を明確にする。例：新しいiPhoneのセールスポイントを3つに整理し、それぞれ説明する

⑤**事前の反論**：あり得る疑問や懸念を予測し、先に返答しておく。例：新規事業を提案する際、開発難易度や費用といった懸念に対する解決策を前もって回答しておく

『名探偵コナン』には、「（狙われたのは自分なのに）それが何故犯人になるんだ！」と反論する毒殺事件の犯人・笹野に対し、コナンが小五郎の声を演じながら「不可能なものを除外していって、残ったものがたとえどんなに信じられなくても、それが真相なんですよ」と返す名場面がある（元はコナンが敬愛するシャーロック・ホームズの名言）。

しかし、ほとんどの人はコナンのような名推理はできないから、人を説得する場面ではやはりロゴスには限界があるだろう。

僕自身も、カリスト株式会社の最初の資金調達（2億円）をするにあたって、70～80人の投資家にプレゼンしたが、結局は結局はロゴスよりはパトス、パトスよりはエトスで決まったと思う。ロゴスだけで投資した人は、誰一人としていない。パトスで投資した人たちとは、投資するまで何度も何度も議論を重ねた。けれどエトスで投資した人たちは、「僕の夢に賭けたい」という好意に満ちていたから、（当然ロゴスも考慮したうえで）ほぼ即決だった。

こういった人の心理は、「第2章　勉強」でも引用した、人間の脳にある2つの思考システムで説明できる。

①感情が支配する、直観的で「怠惰」なシステム
②論理が支配する、逆算的で「勤勉」なシステム

多くの場面ではシステム①が優先されるので、純粋な論理だけで人を動かすのは至難の業と言えるだろう。

論理ばかりを追求しても、誰も説得できず、ロンリーになるだけ。

「人は見たいものしか見ない」
——ガイウス・ユリウス・カエサル

人は強い感情に共鳴する

パトスは人を「熱狂」させる。

熱狂してファンになった人は、自分のために動いてくれる。

人間の脳には「ミラーニューロン」という神経細胞があり、他者の行動を観察したときも、自分が行動したときと同じような活動電位が発生するので、思わず同じ感情や行動を模倣してしまう。だからヒトラー、ガンジー、ケネディ大統領といった稀代の演説家たちはみな、このメカニズムをうまく利用し、激しい感情をあらわにすることで、良い方向にも悪い方向にも、人を動かしてきたのだ。

「自分と集団を同一視するとき、人は批判精神がなくなり、感情的な共鳴によって熱狂する」
――アーサー・ケストラー（ユダヤ人のジャーナリスト）

感情と表情に関する心理学理論である「エクマン理論」によると、人間の基本的な感情はどんな文化や民族であれ、喜び・悲しみ・怒り・驚き・恐れ・嫌悪・軽蔑の7つからなるという。だったら、これらの感情を「煽って熱狂させれば」、人は説得できるはずだ。

ここでは、パトスをうまく使いこなすためのテクニックを5つ紹介しよう。

①**ストーリーテリング**：共感できる物語を作ることで、感情を引き出す。例：創業者が逆境を乗り越え、会社を成長させた感動の物語を届ける

②**アイコンタクト**：相手の目を見ながら話すことで、誠実さと自信を伝える。例：ガン見しない程度にアイコンタクトしつつ、適宜顔の他の部分（鼻や口など）も見たり、視線を外したりもしながら、自然に話す

③**ボディランゲージ**：身振り手振りを使うことで、身体全体で情熱を伝える。例：プレゼンする際、手を動かしたり、身体を大きくしたり、移動したりしながら、力強さをアピールする

④**視覚的要素の活用**：画像や映像を使うことで、大きなインパクトを残す。例：テロに反対するときに、テロ事件の写真を見せて悲しみと怒りを誘う

⑤**共感の誘導**：何かの感情を伝えた後に、共感を求める。例：「この車はデザインが素晴らしいです」と伝えてから、「あなたもそう思いますよね？」と同意を求める

僕はプレゼンよりも、その後の質疑応答のほうが好きだ。興味のない複数人ではなく、興味のある一人の感情を揺さぶるだけで「勝ち」だから。その人の目を見ながら、語気やジェスチャーで熱狂を誘えば、うまくいく。

偉大なリーダーは、情熱で希望を配る人なのだ。

「マネジメントって、理屈だけじゃダメなんです。いくら正しいことを言っていても、みんなが共鳴しなければ前には進めない」

――平尾誠二（元ラグビー日本代表監督）

人は好意を抱くと応援する

エトスは人を「味方」にする。

好感を抱いて仲間になった人は、自分のことを信じてくれる。

親近感を抱いている人とコミュニケーションすると、幸せホルモン「オキシトシン」が分泌されるので、信頼感や安心感が生まれ、その人の意見に耳を傾けやすくなる。さらに恐怖や不安を司る脳の部位である「扁桃体」の反応まで鈍るので、警戒心もなくなる。だからスティーブ・ジョブズも、プレゼンするときは、いつも過去の経験を自己開示したり、いつも誰でもわかるようにシンプルなメッセージを伝えたり、いつも黒のタートルネックとジーンズの服装をすることで、聴衆に親近感を与えているのだ。

「人間は好き嫌いで働くものだ。論法で働くものじゃない」

――夏目漱石（『坊っちゃん』より）

ここでは、エトスをうまく使いこなすためのテクニックを5つ紹介しよう。

①**自己開示**：自分の経歴や経験を話すことで、信頼感や人間味を出す。例：過去にあった逆境とそこから学んだことを共有する

②**弱点の共有**：自分や商品などの短所を伝えることで、信頼を築く。例：製品の弱点や限界も正直に説明しつつ、それを補う強みを強調する

③**尊重**：相手の立場や感情を尊重し、信頼を得る。例：「立場上、これより値下げすることは難しいですよね。私もわかります」と言って理解を示す

④**キャラ作り**：自分を特徴づける服装や口調などを確立し、親近感を高める。例：成田悠輔先生はいつも○と□のメガネをかけている

⑤**名前を呼びかけ**：時々相手の名前を呼びかけることで、親近感とリスペクトを示す。例：会

話中に時々相手の名前を入れることで、「あなたを大事にしている」ことを伝える
僕はよく「僕たち」「我々」といった言葉を、初対面や親しくない相手との会話で使っている。
そうするだけで、一体感が生まれて仲間になれるから。
好き嫌いで動くのは、人間の性なのだ。

「人間は、しょせんは生涯、盲目だ」

——ヨハン・ヴォルフガング・フォン・ゲーテ（『ファウスト』より）

人の目を見て、早口でテンポ良く話す

日本は「空気を読む」のが美徳とされるハイコンテクスト文化である。そのせいか、口下手で人見知りの日本人は非常に多い。

- ●目をそらしながら喋る
- ●相手に響かない言葉を並べる
- ●モノトーンで機械的に淡々と話す
- ●緊張で何度も言葉を噛みながら語る
- ●用意してきたセリフをそのまま述べる
- ●おどおどしながら小声でゆっくり意見を言う

空気は本来「読む」ものではなく、「作る」もの。空気を読んだところで、「空疎」で息苦しくなるだけだ。

それなのに、嫌われる勇気が持てず馴れ合いを続けているうちに、好感度と説得力の高い話し方が全くできなくなってしまっているのだ。

「空気」を作れば、自分の意見は通る

本気は、ぶつからなければ伝わらない。

感情と目的を堂々とぶつけたときにこそ、熱烈なファンが生まれる。

ファンは自分に共鳴し行動してくれるが、傍観者やアンチは何もしてくれない。だから人生においては、多数の「Likes」に喜んだり、少数の「Hates」に怯えたりせず、少数の「Loves」だけを求めるべきだ。

心理学のメラビアンの法則によると、感情や態度のコミュニケーションにおける重要度は、言語情報７％・聴覚情報38％・視覚情報55％だという。つまり、人に好かれたり、人を説得する上では、「言葉」より「状況」のほうがはるかに重要なのだ。

だからスティーブ・ジョブズのようなプレゼンの達人は、聴覚情報と視覚情報で自分の意見が

受け入れられる「空気を作る」ことで、相手に決して「NO」と言わせない。

ジョブズはプレゼンで「つかみでインパクトを与える」「ユーモアで好感度を高める」「名言を引用し説得力を高める」「グラフと写真でイメージを伝える」といったテクニックを駆使し、空気を作っている。

そのなかでも特に重要なのが、視覚情報に直結する「アイコンタクト」と、聴覚情報に直結する「ハイテンポ」である。

●アイコンタクト：人の目を見ながら話すことで、「好感度」を高める
●ハイテンポ：早口でテンポ良く話すことで、「説得力」を高める

これはプレゼンに限らず、商談や会議を含むビジネス全般や日常会話にも通じる話だ。たとえば、英会話が苦手な日本人はとても多いが、本当のところは英語ではなく、「アイコンタクト」や「ハイテンポ」で空気を作るのが苦手なだけの場合がほとんどだろう。ぶつからないから伝わらないし、伝わらないからぶつからない悪循環に陥っているのだ。

僕は招待講演などで数百人の前で話したり、番組収録などで有名人と話すことが多いが、一切緊張を表に出すことはない。適度な緊張感を持って、マイペースで本番に臨んでいるだけだ。「空気を読む」側から「空気を作る」側になってからは、話すことは「非日常」ではなく「日常」に変わったから、呼吸するのと何ら変わらない。

数人の前で話すだけでおどおどしていた僕も変われたんだから、誰でも変われるはずだ。

人々は人間味と自信に溢れる人に惹きつけられ、そのアイデアにより可能性を見いだす。要は、伝え方さえ変えれば、自分の意見は簡単に受け入れられるわけだ。

だったら、群れの中から飛び出して、フォロワーではなくリーダーになるべきだろう。

「人はあなたが言ったことも、あなたがしたことも忘れてしまう。だけど、あなたに対して抱いた感情を忘れることはない」

――マヤ・アンジェロウ（米国の詩人）

相手の目を見て話せば、「好感度」が上がる

社会的生物であるヒトは、目で感情や意図を共有する。
だから聴き手と深い意味で繋がるには、「アイコンタクト」は欠かせない。

人類が地球を支配する存在となった理由は、高度なコミュニケーションにある。それを可能にしたのは、当然「言語」もあるが、他の動物と比較して顕著な進化を遂げた「白目」と「眉毛」の影響も大きい。「目は口ほどにものをいう」という言葉は本当なのだ。

他の動物と違って、ヒトは白目がハッキリしている。これは諸刃の剣であり、個としては、視線から自分の感情を読まれて襲われやすくなった。しかし集団としては、他者に意図や注意の方向を示すことで協力関係が築きやすくなり、結果的にヒトはチンパンジーやオランウータン、ライオンといった力の強い動物に勝てたのだ。

同じことは眉毛にも言える。ほとんどの動物は眉毛を持たないか、持っていても目立たないの

で、表情があまり顔に出ない。一方で眉毛がハッキリしているヒトは、驚き・困り・怒り・悲しみといった様々な表情を自由自在に浮かべることで、他者に感情や意図をうまく伝えられる。

こうした進化的背景から、アイコンタクトが情緒的な接続を作り、理解と共感を促進することは明らかである。だから話すときは、「私は今、あなたに話しかけているんですよ」と言わんばかりに、目で訴求してみよう。そうすれば、相手に自分の真剣さと誠実さがうまく伝わるので、好感度はぐんと上がるはずだ。

なにも、僕は「睨みつけるかのように、人の目を見つめ続けるべき」と言いたいわけではない。会話の場合は、アイコンタクトの割合が6割を超えると、威圧感を与えてしまう。だから適宜、顔の他の部分（鼻や口など）も見たり、視線を外したりもしながら、自然に話したほうがいいだろう。特に深く長いアイコンタクトは、何度も使うとインパクトが薄れるので、共感や支持を得たい大切な場面でのみ使うべきだ。

プレゼンにおいては、目を泳がせたり、特定方向だけ見たりするのは良くない。時々見る方向を変えながら、特定の誰かに向かって語るのがいいだろう。

僕は「目力が強い」と常に言われ続けてきた。でも、これは最高の褒め言葉ではなかろうか。イキイキとしていない人は、「死んだ魚の目」をしているはずだから。

「目は魂の窓である」

――レオナルド・ダ・ヴィンチ

早口でテンポ良く話せば、「説得力」が上がる

人間の脳が一度に処理できる情報量には限界がある。
だから聴き手を説得したいときは、「ハイテンポ」で話すべきだ。

早口で話すと、聴き手の脳は内容を理解するだけで一杯いっぱいになる。その分、批判的な考えをする余裕もなくなるので、話し手の情熱はそのまま聴き手に伝染してしまう。だから早口な主張は、無条件に受け入れられやすい。フランスの文学者であるラ・ロシュフコーも言っているように、情熱は、常に人を説き伏せる無類の弁舌家なのだ。

タイパを重視する現代人は、YouTubeやTikTokの動画を2～3倍速で再生する。ゆっくりとした話は退屈だから、すぐイライラを感じてしまう。

だったら、仕事でも恋愛でも日常でも、最初から早口で話してあげたほうが、お互い楽しくて盛り上がるに違いない。さらに早口な人は、「知的な自信家」だと勝手に思われるので、説得力だけでなく、自分の評価もぐんと上がるはずだ。

もちろん、僕は「マシンガンのように、終始早口でまくしたてるべき」と言いたいわけではない。理解不可能な早口は、聴き手の反感を買うだけだから。ゆえに、早口でも難なく話が伝わるように、イントネーションと高低アクセント（英語の場合は強弱アクセント）をつけつつ、声を張って話さないといけない。また、普段は早口で喋りながらも、共感や支持を得たい大切な場面では、間を置いてゆっくり話すことで緩急をつけたほうがいい。

じゃあ、早く・深く・力強い声は、どうすれば手に入るのか。

それはいとも簡単で、「腹式呼吸」するだけで手に入る。胸式呼吸の代わりに腹式呼吸をすると、肺に供給する酸素量が増えるので、豊かな声を自然に出せるようになる。だからほとんどの歌手やスピーカーは、普段から腹式呼吸をしているのだ。

僕は「早口なのに、声が通るから聞き取りやすい」とよく言われる。でもこれは、僕に限った話ではない。腹式呼吸に変えれば、誰でもこうなるはず。

「的確な弾丸よりも鋭い弁舌のほうが強い」

――オットー・フォン・ビスマルク（鉄血宰相と呼ばれたドイツの指導者）

【硬い口調を使わず、ユーモアや名言を交えて話す】

「初めに言葉ありき、言葉は神と共にありき、言葉は神であった」

新約聖書『ヨハネの福音書』がこの一文で始まるように、人間は言葉によって世界を認識する。

何気ない会話や深刻な会話は、世界の捉え方を変えづらく、しばしば退屈や緊張を生む。その一方、予測不能で「おかしな」会話は、人となりや生き様を伝えて世界観を広げるので、親近感や説得力を与えやすい。結果的に、真面目すぎない人と見られたほうが、真面目な話も通りやすいので、人間関係も仕事もうまくいく。

だから話すときは、ところどころユーモアや名言、ゴシップなどを取り入れてみよう。

「人間が人間である中心にあるものは、科学性でもなければ、論理性でもなく、理性でもない、情緒である」

——岡潔（多変数複素関数論を作り上げた数学者）

人間らしさを伝えるのは、「突飛な会話」である

脳科学的にも独自の経験や思考、センスを伝えるほど、新しい視点や情報を求める脳が活性化するので、共感を得やすいことがわかっている。

そこで、一流のビジネスマンは本題に入る前に、必ず「雑談」をして、場を盛り上げつつリラックスした雰囲気を作っているのだ。

ただし雑談といっても、「天気」「定番ネタ」といった単なる世間話をしても、楽しくないし生産性も上がらない。相手に合わせて「自己開示」「質問」「教養の共有」をしたときにこそ、関係構築・情報伝達・意思決定に繋がって生産性が高まる。具体的には、要望・悩み事・失敗経験などの「自己開示」、相手の興味・期待・経験などに合わせた「質問」、ビジネス・技術・文化・社会問題など幅広い「教養の共有」が、特に有効だとわかっている。

MIT元教授のダニエル・キムも、組織としての「結果の質」を高めるためには、業績に対して厳しい目線を向けるのではなく、まずは対話や尊重を通じて「関係の質」を高めるべきという、「関係の質→思考の質→行動の質→結果の質」からなる「成功循環モデル」を提唱している。

ここでは、関係の質を高めるための雑談のテクニックを5つ紹介しよう。

①**自己開示**：自分の過去の経験や現在の感情を率直に伝えることで、信頼関係を構築する。例：過去にあった自身の似た経験を伝えつつ共感する

②**質問**：相手の意見や感情、経験について聞くことで、対話を促進する。例：過去の経験に対して、どんな感じ方をしたのか質問する

③**教養の共有**：興味深い情報や知識を幅広く共有することで、相手との関係に深みを持たせる。例：業界動向に関する意見交換を通じて、ビジネス相手と「対等」な関係を構築する

④**状況に即した話題選び**：現在の状況や相手の状態を考慮しつつ話題を選ぶことで、不快な状況や誤解を避ける。例：相手の状況や興味に合った、オススメの本を紹介する

⑤**感謝とフィードバック**：相手の意見や行動に対して感謝の意や具体的なフィードバックを伝えることで、意欲を引き出す。例：相手の意見に同調し感謝を伝えつつ、詳細を聞く

雑談をはじめとする、人間らしさを伝える突飛な会話としては、特に「ユーモア」と「名言」が効果的であり、幅広い知識が求められる教養と違って、短時間で身につく。ユーモアは心の距離を縮めるし、名言は心を動かすので、どちらも「味方を増やすコミュニケーション」には欠かせない。

だから僕も、日常会話でも商談でもプレゼンでも、常にユーモアと名言を使い続けている。この本が言葉遊びと名言に満ちているのも、あなたとの心の距離を縮めつつ、あなたの心を動かすことで、あなたに変わってもらうためなのだ。

自分の手で、面白きこともなき世を面白くしていこう。

「大切なのは奇抜なことだ。奇抜であるということが未来を開くカギになる」――フランソワ・ミシュラン（Michelin の元ＣＥＯ）

ユーモアは知的で親しみやすい印象を与える

ユーモアとは、心の距離を縮める「人間関係の潤滑油」である。

笑いを誘えば、気だるい雰囲気が解消され親近感が湧く。

困難な状況やストレスのかかる場面では、ユーモアを挟めば、ドーパミンとエンドルフィンが分泌されて気分転換とリラックスができるので、お互い心地よく人間関係や仕事を進められるようになる。「期待に応えて予想を裏切る」ような、わかりやすく驚きのあるユーモアを言えば、心が開いて気持ちが上向く。洞察力と柔軟な思考が問われるジョークと皮肉をかませば、知的で有能な印象を得る。自分の失敗や弱点を開示して笑いを誘ったり、笑いの瞬間を共有すれば、絆も生まれる。このように、ユーモアは僕たちが生きるうえで欠かせない。

だから生涯を通じて世間の注目と批判の的になっていたアインシュタインは、以下の言葉を残している。

「昨日は偶像化され、今日は憎まれ、痰を吐かれ、明日には忘れ去られ、明後日は聖人に列せられる。唯一の救いは、ユーモアのセンスだけだ。これは呼吸を続ける限りはなくさないようにしよう」

アインシュタインによる「一般相対性理論」を前進させた「ブラックホールの特異点定理」を発表したのは、「車椅子の物理学者」として知られるスティーヴン・ホーキングである。筋萎縮性側索硬化症で苦しみ続けた彼もまた、「ユーモアがなければ、人生は悲劇になってしまう」という言葉を残している。ホーキング博士はきっと、ユーモアのおかげで、幸せで寂しくない人生を過ごせたのだろう。

同様に『新世紀エヴァンゲリオン』にも、シンジがレイの無事を知って涙を流したときに、「ごめんなさい。こういうときどんな顔すればいいかわからないの」と話すレイに対して、シンジが「笑えばいいと思うよ」と伝えて、レイが作中初めてゆっくり笑顔を作る名シーンがある。

困ったときは笑えばいいし、笑わせればいい。

だから僕も、〆切に追われたり、残りのお金が少なくなったり、思っていたような結果にならずに落胆したりしたときは、ボケをかますようにしている。

「深刻な時ほど笑いが必要だ。ユーモアの題材を探し出せ。そこに現状打破の突破口がある」

——ヴィクトール・フランクル（ホロコーストからの生還経験をもとに書いた『夜と霧』で知られる、オーストリアの精神科医）

名言は説得力と納得感を持たせる

名言とは、心を動かす「メッセージ」である。

共鳴を起こせば、互いの本気が重なり合って説得力が増す。

自分の言葉に深みと説得力を持たせたい場面では、名言を挟めば、ドーパミンとオキシトシンが分泌されてポジティブになるので、相手からの信頼と納得を得やすい。名言は、物語の一部としてシンプルに語れば、心に残っていつまで経っても色褪せない。

たとえば、『名探偵コナン』なら「真実はいつも一つ」、『スラムダンク』なら「諦めたらそこで試合終了ですよ」、『北斗の拳』なら「お前はもう死んでいる」という言葉が、それぞれの漫画の代名詞になっているのを見れば、名言の威力は絶大と言えよう。

もちろん、名言は自分で編み出してもいいが、難易度が高い。だから、気に入った名言を数百程度覚えておいて、使える場面が来たら使うのがオススメだ。そうすれば、名言の背後にある普遍的な真実や経験を、あたかも自分事のように演出できるので、偉人や有名人などの権威を借りられるから。

だから僕も、普段から偉人や有名人、漫画、ゲームなどの名言をいっぱい引用している。

「自分で名言を言う以外の最善の方法は、引用することである」

――ラルフ・ワルド・エマーソン（アメリカの思想家）

モテたければ、脳の仕組みを理解する

モテるかどうかは、経済力や外見ではなく、科学、要は「化学反応」で決まる。目の前の他人が自分を好いてくれるかどうかは、相手に生じさせた「脳内物質（ホルモン）」次第だからだ。僕たちはなんとなく「好きかなぁ」と思って、なんとなく「好きだなぁ」って感じて、なんとなく「好きだ」ってわかる。

つまり、モテたければ、「脳が恋に落ちる仕組み」を理解したうえで、「五感」を刺激することで「脳内物質」を生じさせて、相手を盲目にさせればいい。

「バカになったみたいだ。恋をしたのかな？」

――ジュリアン・ヴェルセル（フランソワ・トリュフォー『日曜日が待ち遠しい』より）

恋はロマンティックではなく、リアリスティック

そもそも、恋とは何であるか。

これまで哲学者、歌手、映画監督、画家、歴史家、詩人、小説家、言語学者など、あらゆる分野の人たちは恋を「ロマンティックなミステリー」として形容してきた。

たとえば『新明解国語辞典』第7版にも、恋は以下のように定義されている。

「特定の異性に深い愛情をいだき、その存在が身近に感じられるときは、他のすべてを犠牲にしても惜しくないほどの満足感・充足感に酔って心が高揚する一方、破局を恐れての不安と焦燥に駆られる心的状態」

しかし科学的には、恋は「ロマンティックなミステリー」ではなく、種の生存本能に基づく「リアリスティックなシステム」であることがわかっている。ヒトは進化生物学的に自分に合った相手に恋すると、幸福を感じるようにできているので、「恋に恋している」のだ。「女性は、好きになるまで時間がかかる」「男性は、熱しやすく、冷めやすい」というふうに、男女の恋愛観がま

るっきり違うのも、恋に関わる脳内物質の影響が男女間で異なることが原因である。

実際に、脳の血流を視覚化するfMRIを用いて「恋を解剖する」多くの研究から、恋をすると脳内物質によって主に４つの脳領域がオン／オフになることが明らかになっている。

①**脳幹**　②**大脳基底核**：呼吸・心拍・自律神経といった「本能」を主に司る脳領域。原始的な脳領域で、薬物や賭博などの依存症との関係も深い。恋する相手を見ると、コカイン吸引時のような脳状態になって、心地よい幸せを感じるので、相手に会いたくてたまらなくなる

③**大脳辺縁系**：情動・短期記憶・価値判断といった「感情」を主に司る脳領域。恋する相手を見ると、この脳領域が抑制されるので、相手に負の感情を抱きにくくなる

④**大脳新皮質**：知覚・計算・予測といった「知性」を主に司る脳領域。恋する相手を見ると、この脳領域が抑制されるので、相手を甘く判断したり、判断自体をやめてしまうようになる

これらの脳領域を活性化・非活性化する「脳内物質」を理解したうえで、「五感」を適切に刺

激して「脳内物質」の量を調節すれば、モテる確率はぐんと上がる。
あとは、自分がなるべく売り手市場でいられる場所を探して、異性と接する機会を増やせばいいだけだ。

「誰からも好かれたい」「とにかくモテたい」と思って、自分の持ち物を有効活用できない相手にばかりアプローチしたところで、誰とも特別な関係にはなれない。

活用する持ち物は「高収入」「高学歴」「高身長」「イケメン／美人」に限らない。「料理上手」「オタク的な知識・技術」「勤務地が◯◯」「楽器が弾ける」「結婚願望が強い／弱い」「年齢が高い／低い」といった誰にでもある特性だって、相手を選べば武器になる。たとえば、経済力が低く結婚を考えていない人なら、学生やアーティスト、フリーターにモテやすい。料理が得意でオタクな人なら、好奇心旺盛なビジネスマンにモテる確率が高い。

このように自分の特性を活かせる「戦場」を選んで、そこで五感を刺激して恋を引き起こす「戦術」を駆使していけば、誰でもモテるようになる。
我々は、白馬の王子様やお姫様にならなくたっていい。わずかな「要領の良さ」と「運の良さ」

が、本当のモテる条件だ。

「あなたが恋しているならば、そこには該当する化学があるはずよ。それだけのこと」――サナ・レイサン（米国の女優）

恋に関わる4つの脳内物質

恋はするものではなく、本能的に「落ちる」もの。
生物学的に恋は、パートナー選びと生殖のための「性欲」「恋慕」「愛着」から構成される。
恋愛の初期段階は「モテる」を決定づける「強烈な新しい恋」、つまり脳幹と大脳基底核が主に司る「性欲」「恋慕」が中心となる。恋愛は長続きすると、大脳辺縁系と大脳新皮質が主に司る「深く落ち着いた愛」である「愛着」に移行していく。

この恋愛システムは、アドレナリン・ＰＥＡ・テストステロン・エストロゲンを含む10余りの脳内物質によって制御される。

ここでは、恋において特に重要な脳内物質を4つ紹介する。

①**ドーパミン**：快感に関与する「報酬系ホルモン」で、いわゆる「脳内麻薬」。恋愛の初期段階では、ドーパミンの分泌が増えて陶酔感を覚えるうえに、同じ「報酬系ホルモン」のアドレナリンとノルアドレナリンの分泌も増えて心拍数が上がるので、「性欲」「恋慕」が生じる

②**セロトニン**：ドーパミンとノルアドレナリンを制御し、精神を安定させる「リラックスホルモン」。恋愛の初期段階では、セロトニンの分泌が変化するだけでなく（男性は減って女性は増える）、「ストレスホルモン」のコルチゾールの分泌も増えて、強迫性を持つほどに不安が高まるので、「性欲」「恋慕」が生じる

③**オキシトシン**：キス・ハグ・感動によって少しずつ分泌され、信頼と絆を強める「包容ホルモン」。セックスをしてオーガズムに達すると、オキシトシンが大量に分泌されるため、女性は「愛着」が湧いて恋に落ちる。一方で男性は、オキシトシンの効果を弱める「男性ホルモン」のテストステロンの量が多いので、「愛着」を抱きにくい。男性が女性に「愛着」を抱くには、相手に「献身」することでテストステロンの分泌を減らす必要がある

④**バソプレシン**：浮気をしづらくする「一夫一婦制ホルモン」。たとえば、雄のバソプレシンの量が多いプレーリーハタネズミは一夫一婦制を取っている。バソプレシンの分泌は性的興奮を覚えると増えるが、セックスをすると逆に減るので、（オキシトシンの影響が薄い）男性はセックスをすると女性とは違って浮気しやすくなる。「浮気性は一生治らない」と言われるワケは、バソプレシンの量が遺伝でほぼ決まるところにある

「二つの人格が出会うことは、二つの化学物質の接触に似ている。もし何か反応が起これば、両者とも変容する」

——カール・グスタフ・ユング（分析心理学の創始者）

五感を刺激して恋を引き起こす方法

恋は五感すべてを使って感じるもの。

ヒトは外界を感知するために、多くの感覚を駆使している。だから異性としての魅力も、複数感覚による評価の合計点で決まる。

感覚は細かく分類すれば、温度覚・振動覚・立体識別能力を含めて20余り存在する。

ここでは、古来の分類による五感（視覚、聴覚、触覚、味覚、嗅覚）を刺激し、恋に関わる脳内物質であるドーパミンやセロトニンなどの量を調節することで、恋を引き起こす方法を紹介する。

すべて試す必要は全くないので、使えるところだけピックアップして使ってみてほしい。試したところでどうせうまくいかない、と懐疑的に思う人もいるだろうが、恋を「ロマンティックなミステリー」として片付けるのではなく、化学反応のシステムを理解することで、少なくとも現在の自分が抱える課題と対策は見えてくるはずだ。

①視覚：男性は女性に受胎能力を求めるので、若さや健康と関連する女性の「長くツヤのある髪」「滑らかで傷のない肌」「大きいバスト／ヒップと細いウエスト」は恋を引き起こしやすい。バストの大きさはどうしようもないが、髪型を変えたり、スキンケアをしたり、ヨガやピラティスをすることは有効だろう。一方で女性は優秀な遺伝子を求めるので、左右対称と関連する「高い身長」「広い肩幅」「小さいヒップと細いウエスト」を持つ男性はモテやすい。身長は変えられないが、筋トレは裏切らない。また男女共に、ネガティブな感情を打ち消す「目を長く見つ

める」「よく笑う」「満面の笑みを浮かべる」には強く惹かれる

②**聴覚**：男性からすると弱い女性のほうが狙いやすいので、男性は小さい身体と関連する「高い声」「広い音域の声」「息漏れ声」を好む傾向がある。一方で女性は強い男性に守られたいので、女性は大きい身体と関連する「低い声」「狭い音域の声」を好む傾向がある。声は声帯の形である程度は決まるものの、発声練習することで大きく変えられる

③**触覚**：肌を触れ合うと、ドーパミンやセロトニンなどの量の変化に加えて、オキシトシンの分泌も増える。ボディタッチはハードルが高いと感じる人が多いが、「二の腕や肩」「頭ポンポン」「手繋ぎ」「ハグ」「キス」というふうに「段階を踏んで」、会話が弾んでいるときに「さりげなく」「同意を得て」すれば、ボディタッチは難しくない。特に「キス」は触覚だけでなく、息の匂いや口の味といった別の感覚も使うので重要である。キス経験を理由に別れることを決めた男性は58％、女性は66％もいるとの研究すらあるほどだ

④**味覚**：「甘いものを食べる」と、それにつられて、恋に落ちやすい。逆に恋しているときは、食べ物や飲み物を甘く感じやすい。同様に「温かい飲み物を飲んでいるとき」は、それにつら

れて、相手も幸せで、社交的で、寛大だと評価しやすい。冷たい飲み物は逆効果があるので、仲良くなる前は避けたほうがいい

⑤**嗅覚**：香水よりも「フェロモン」のほうが重要。フェロモンは自身の身体的・遺伝的情報を伝えるだけでなく、相手の生理的・行動的変化も促すからだ。男性はたくさんの子孫を残したいので、排卵期を迎えている女性が3日連続で着ている服の匂いを嗅ぐと、テストステロンの量が増えてその女性に対する興味が高まるとの実験もあるほどだ。一方で女性は免疫力の高い子孫を残したいので、免疫反応に関わるMHC分子が異なる男性の服の匂いにだけ選択的に惹かれるらしい。だから、デート時は新しい服ではなく、いつもの服を着よう

「五感は魂に仕える従僕だ」
——レオナルド・ダ・ヴィンチ

第4章

自己改造

今を受け入れたうえで、好きに生きる

成功とは「能力」と「自信」の掛け算である。

現時点ではできないこともできると断言し、自分や他の関係者を動かせば、そのハッタリは本当に実現できてしまうからだ。逆にできることをできるとすら言えなかったら、孤独な戦いが続くので、いくら能力が高くても失敗ばかり重ねるだろう。

つまり自己肯定感が低い時点で、あなたはもう負けているのだ。

成功は、背伸びした「やりたいこと」を実現すべく、ハッタリで既成事実を作るところから始まる。

「自分の能力以上の仕事を依頼されてもハッタリをかまして引き受けろ。控えめにして自分を小さく見せる必要はない」――堀江貴文

成功者はみな、自己肯定感が高い

僕の周りには経営者や投資家、教授といったいわゆる成功者が多いが、彼らの自己肯定感は半端なく高い。

成功している人は総じて、多動力に基づく確信に満ちた話し方をするので、話し手からは成功の匂いが強く漂う。成功者なら誰もが、この成功の匂いで「確信の輪」を広げることの重要性を理解しているので、自己肯定感を高めるべく、日々後述するテクニックを駆使している。

残念ながら日本は社会の安定性も影響し、出る杭は打たれる「横並び教育」が跋扈している。そのせいで、能力はあるのに自己肯定感が低い「失敗のスペシャリスト」が量産されている。

一方で海外、特に貧富と階級の差が激しいインドでは「成り上がりを是とする」ので、ビッグマウスで多くの関係者を動かし、大きな成功を収めている「成功のスペシャリスト」が多い。その証拠に、海外の有名大企業のＣＥＯを務める日本出身者はほとんどいないが、インド出身者はたくさんいる（例：Google, Microsoft, YouTube, Adobe, IBM, Starbucks）。

高い自己肯定感を持って変化と営業を貫けば、「自分の設定した明確なゴール」は次々と達成できる。だから僕はハッタリで、16歳で東大を「受験」したし、4年連続で海外トップ大学に訪問研究を「依頼」したし、医療データとAIで世界の人命と日本の経済を救う会社を立ち上げるべく数百回「営業」した。

あなたの物語を新たな展開へ導くのは、いつだってあなた自身だ。
負け続きの人生なら、怒りをぶつけて成り上がればいい。

「自信がなければ、常に勝たない方法を見つけてしまう」

——カール・ルイス（9つの五輪金メダルを誇る米国の陸上競技選手）

3つの質問で自己肯定感を高める

ここであなたに質問。
あなたはこの3つの質問に対して、瞬時に「YES」と答えられるだろうか。

①自分の状況を「受け入れ」自分を愛せているか
②「今」を生きているか
③自分の「好きなこと」をしているか

受容・時間軸・志向、これらに迷いなく自信を持って「YES」と答えられたなら、あなたの自己肯定感は十分に高く、挑戦と成功の体験も多いだろう。
もしそうでなければ、あなたは「自由に」、つまり「自分の理由で」生きていない。精神的苦痛を抱かず、ワクワクしながら幸せに生きるには、あなたは自分の今の役割に納得し、自分自身の目的を追求する必要がある。

受容とは、現状を受け入れた上で、自分が幸せになるための意思決定を下すこと。
不安や恐怖や怒りや鬱に苛まれて、平常心を保てず自分の状況を見て見ぬふりするだけだと、望む未来は手に入らない。

動物は恐怖に対して、「戦うか逃げるかを差し迫る」というFight-or-flight responseを発見した米国の生理学者ウォルター・キャノンは、こんな言葉を残している。

「問題を解決したいなら、戦うか逃げるか決めればいい。決められないときに人は鬱になる」

現状を受け入れて、目的意識を持って生きてこそ、自分の物語は前に進む。

時間軸とは、過去に縛られず、未来に怯えず、今を生きること。

過去も未来も単なる妄想で存在しないのに、「今」ではなく「昨日」や「明日」に生きていても、充実した現在は過ごせない。

ハーバード大学の心理学者マット・キリングワースによると、人間は起きている時間のなんと46・7％を、以下のように「今」ではなく、ありもしない「過去」や「未来」を考えるのに費やしているという。

「昨日の楽しかったデートの振り返りで頭がいっぱい」

「明日のテストに対する不安で頭がいっぱい」

今のこの瞬間に注意を向け、目の前の一秒一瞬を全うしてこそ、最高の自分は発揮できる。

志向とは、自分の眼で視て、自分の心で感じて、自分の思考で考えて、自分で敷いたレールを歩むこと。

空気を読んで、周りに合わせてなあなあと生きるだけだと、人生はあっという間に終わってしまう。

特別になることを恐れ、「周りに変に見られたらどうしよう」「一歩踏み出して失敗したらどうしよう」などと、ストレスばかり抱えながら生きても、楽しくはないだろう。なのに、以下のように若くして人生を半ば諦めてしまう人が多すぎる。

「私は家庭が貧乏だから、一生貧乏のまま」

「僕は学歴が良くないから、一生出世できない」

もちろん環境によるハンデは人それぞれだから、自分ではどうにもならない状況に絶望することもあるだろう。それでも、現状を受け入れた上で、もっと自分のなりたい自分を大切にし、理想の自分になりきって変化と営業を貫こう。

自分で自分を諦めなければ、人生に「負け」はない。

「受け入れるまでは何も変えることはできない。非難は解放にはならず抑圧となる」

――カール・グスタフ・ユング（分析心理学の創始者）

【「自分はダメ」ではなく、「まだできないだけ」と思う】

現代を生きる日本人に最も足りないのは「覇気」と「発想力」である。
その証拠に、「できない、できない」が口癖の日本人は多い。

- どうせ……
- ○○がない
- 自分には無理
- これは難しい
- できるはずがない
- うまくいくわけがない

こんな言葉をやる前から平然と口にしている。変われない自分を正当化するかのように、言い訳をまず考えている。

なあなあと日々を過ごし、傷の舐め合いがしたいだけの「思考停止状態」に陥っているのだ。

しかし、やってみる前から自分の限界を決めて、考えてみる前から自分の限界を決めていたら、才能と運があったとしても壁を越えることはできない。諦めるのは、まだ早い。

「たとえ非常な困難にぶつかっても、何くそ『やればできるのだ』と考えて人一倍の努力で立ち向かえば、心は限りなく大きくなり、すぐれた創意工夫を生んで、必ずその困難をのり越えることができる」
――松下幸之助（松下電器産業創設者）

自分の人生は、自分の力で好転させる

「We become what we think about」

長期的に見れば、人はありたい自分としてあり続ける。変わりたいという「覇気」と、どう変わるべきかという「発想力（＝逆算）」がある限り、人生は何度も転びながらも、好転していくからだ。

子どものころの経験を思い出してほしい。
僕たちは転びながら学び、痛い思いをしながら学び、最終的には補助輪なしで自転車に乗れるようになった。

いきなり強いわけじゃない。いきなりできるわけじゃない。ぶつかりながら、繰り返しながら、僕たちはなりたい自分になっていく。

「人生は自転車に乗るようなもの。バランスを保つには、こぎ続けなければならない」
——アルベルト・アインシュタイン

周りを見渡すとほとんどの人は、転ぶのが嫌で、人に笑われるのが嫌で、「楽しい人生」を自ら諦めて、人の顔色を窺う「楽な人生」を選んでいる。たとえば多くの貧乏人は、結局「貧乏であっても仕方がない」と、挑戦を心底諦めて、嫌な状況に甘んじてしまっている。

同じく、仕事が遅い人や、勉強が苦手な人、口下手な人、モテない人も、変化するための「覇気」と「発想力」が欠如している人がほとんどなんだろう。自分に自信が持てないが故に、ストレスばかり抱えながらも、傷つくことに怯え、嫌な状況を受け入れているのだ。

僕は日本生まれではないし、日本に来たのも17歳になってからだが、大抵の日本人よりは日本語ができる。それは、「日本語ができない自分」を決して受け入れたりせず、変わるために、日本語の本を5000冊近く読んできたからに他ならない（500冊も読まないうちにネイティブにはなれた）。

自分の限界なんて、誰が知るのか。

僕は、まだ飛び込みもせずに、無理だと決めつけたくはない。

なにせ、あなたが無気力になってしまったのは、あなた個人のせいではない。時代錯誤的な「出る杭は打たれる」教育のせいである。

幼稚園で子供たちに質問すると、自分こそが特別だと言わんばかりに、子供たちは間髪入れずに手を挙げて自由な発想を語る。でも小学校に入った途端に締め付けられ、「みんなのため」「みんなと一緒」を植え付けられた挙げ句、凡人になっていく。

「子供は誰でも芸術家だ。問題は、大人になっても芸術家でいられるかどうかだ」

――パブロ・ピカソ

だが、人生をやり直すには、特別な自分に戻るには、まだ遅くない。過去の自分に誇れる自分になるのは、そんなに難しくない。特別な自分であれば、どんな「大胆かつ冷静」な発想をするのか想像してみて、なりきればいいだけ。

できるできる。まだできないだけ！

「できる」と「一度でできる」は同義ではない。やってみて、できなかったら、「まだできないだけ」である。うまくいかなくても気にせず、できると思い込んで行動し続ければ、本当にできるようになる。

夢は追うものではなく、背負うもの。

野心の高さが、あなたの未来を決定づける。

ハッタリをかまして、それに追いつく

変わりたいという「覇気」とは、ハッタリのことである。

人生にはハッタリが一番大事。ハッタリをかまし続けると、実績も後からついてくる。

「東大なんてコンビニでお茶を買う程度の難易度」

「東大は落ちるほうが難しい」

「100回受けたら、100回受かる」

僕は受験後ではなく、受験前からそう思い込んできた。そして最終的には、まっさらな状態から、ハッタリに追いつくことができた。

まっさらであれば、伸び代は無限大。

現状なんて関係なく、自分にならデカい夢は実現できると、自分にも他人にもハッタリをかます者だけが「本物の特別」になれる。ハッタリをかませば、それを実現するために努力せざるを得なくなるし、それを後押しする社会的影響力も高まるから。

現に僕だって、爪を隠していたら、表の世界に出ることは決してなかっただろう。ハッタリをかまして、それに追いつき、次々とより大きなハッタリをかまし続けてきたから、今の僕がいる。

ハッタリと聞くと、「何か悪いことをしている」とイメージする人が多いはず。しかし、ハッタリは嘘ではなく、「覚悟の表れ」である。

たとえば、米国のケネディ大統領は、1961年に「月に人を送る」と以下のように宣言したが、このハッタリは彼の死後のアポロ計画に繋がった。
「我々は月へ行くことを選んだ。我々は10年以内に月へ行くことを選んだ。それは、月に行くことが容易だからではなく、困難だからである。この目標が、我々の持つ最高の熱意と技術を集結し、推し量る上で役立つからである。この挑戦こそが、我々がやりたいもので、先延ばししたくないもので、勝ち取ろうとするものだからである」

同じく、ハッタリをかましてグランドチャレンジに挑めば、人生は一発逆転できる。だから、自分の限界を決めるのは、もうやめよう。「勝てる場所」を探して、全力でぶつかろう。今日がつらくても、諦めなければ、明日は新しい景色を迎えに行ける。

脳科学的にも、「頭が悪い」「できない」という自己評価は、「頭が悪くなる行動」「できなくなる行動」を引き寄せることがわかっている。だから、「自分は頭が悪い」「自分はできないやつ」と言うのはやめよう。逆に「自分は頭が良い」「自分はできるやつ」と言い聞かせてやろう。

そもそも頭脳というのは、固定されたものではない。運動・瞑想・体験・思考・栄養摂取などによって、脳は強化もしくは弱化されていく。

自分の人生が好転するかどうかは、自分次第で、「ハッタリ」次第である。

「人は天才に生まれるのではない。天才になるのだ」

――シモーヌ・ド・ボーヴォワール（フランスの哲学者）

劣等感は克服せず、武器に変える

コンプレックスをずっと引きずった挙げ句、自己評価が下がってしまい、憂鬱になったり、卑屈になったり、以下のように前に進めない人は多いと思う。

●どのみち低収入だから、幸せになれない
●しょせん低身長だから、自信が持てない
●どうせ低学歴だから、自分に期待ができない
●とにかくコミュ障だから、人と話すのが怖い
●結局兄みたいに運動神経が良くないから、運動が嫌い

なかなか克服できないコンプレックスが原因で、承認欲求に振り回されたり、他人を攻撃してストレスを発散してしまう人も多いだろう。

劣等感は克服できるものではない

しかしコンプレックスというのは、そもそも「ないものねだり」であるので、基本的には克服できない。身体的・精神的制限や生い立ち、差別経験などはそもそも克服が不可能に近いし、学歴や収入なども簡単には変えられない。

もし克服が簡単であれば、コンプレックスはとっくになくなっているはずだから、長くこじらせている人だけが後から気づくものがコンプレックスなのだ。

だからコンプレックスは克服する代わりに、武器に変えて利用するのが得策であろう。

●劣等感の解消法1：強みとして捉えて、良い面を利用する

●劣等感の解消法2：弱みとして受け入れて、別の強みへの足掛かりにする

ここでは、テレビ番組『激レアさんを連れてきた。』（テレビ朝日）に出演した「9浪早稲田合格男」こと9浪はまいと、劣等感を武器に変える方法について対話していく。

カリス：本日はよろしくお願いします！　9浪してまで早稲田合格を目指した時点で、まさに今回のテーマにぴったりの、日本が誇る「コンプレックスの塊」なんじゃないかと思うので、どんどん意見を聞かせていただけたらと思います。

はまい：日本が誇る「コンプレックスの塊」（笑）。今は違いますが、確かに早稲田に合格するまでは散々学歴コンプレックスを引きずってましたね……。一般受験で早稲田に合格することで、僕は学歴コンプレックスを克服できましたが、めちゃくちゃ大変な道のりでした。特に最後の年は、手が震えたり、表情すら動かなかったり、ボロボロな状態でした。でも、早稲田合格さえできれば、「全てを捨ててもいい」「全てを懸ける価値がある」と覚悟してたので、9年も懸けたことに全く悔いはないです。

カリス：断腸の思いで受験勉強を続けてたんですね……。でも9浪の末に合格を勝ち取ったはまいさんはとってもカッコいいですし、尊敬に値すると思います！　9浪を人に勧められるかといえば、誰にも勧められないですが、どうしても譲れないこと1つ2つに限っては、コンプレックス克服を目指す道もありだとは思います。たとえば、僕も日本語ができない自分に劣等感を抱いて、人と話すのをずっと避けてた時期がありましたが、本をたくさん読んで、短期間で要領良く言語力を高めることで克服しました。

「人間は自分のコンプレックスを除去しようと努めるべきではなく、それと調和を保つように努めるべきです」

――ジークムント・フロイト（精神分析学の創始者）

劣等感の解消法1　強みとして捉えて、良い面を利用する

はまい：コンプレックスを克服するのはやっぱり大変なので、僕も基本的には克服するのではなく、利用したほうがいいと思います。一度武器に変えてしまえば、気にならなくなりますし。コンプレックスは立体的なものなので、正面から見ると弱みに見えてきてクヨクヨしがちですが、別の側面から見ると強みに変わったりもしますね。

カリス：具体的にコンプレックスを利用した経験ってあったりしますか？　たとえば、低身長は「親しみやすい人」、コミュ障は「慎重な人」と捉えることもできると思います。9浪だって、

社会進出が遅れた人ではなく、「面白い人」「激レアさん」として捉えることもできますし（笑）。出る杭は打たれますが、出続ければ、キャラ設定になるというか。

はまい：褒めてくれてありがとうございます（笑）。たとえば、幼少期は自分の顔にコンプレックスを感じてましたが、今となっては逆に強みとして捉えるようになりました。自分を含めて従兄弟は８人いますが、おばさんから「はまいの顔は８人中、下から２番目」と言われたことがあって、ずっとショックを受けてました。でも、今は親しみやすい「等身大の顔」ということで、自分の顔に愛着を持てるようになりましたね。

カリス：確かに言われてみれば、はまいさんはメガネも相まって、のび太っぽさがあるというか、全然緊張せずに自然体で話せますし、僕は安心感があって好きです。僕は早口が原因で、よく聞き返されたり、冷たく見られるのがコンプレックスでした。でも、早口のほうが「優秀かつ自信家」に見えて、説得力が上がって得すると実感してからは、いつも堂々と早口で喋ってます。あと、同じく早口の人とはすぐ仲良くなれるわけですし。

「自分の不完全さを受け入れるとそれはコンプレックスではなく個性となる」
――須藤元気（元格闘家の政治家）

劣等感の解消法2　弱みとして受け入れて、別の強みへの足掛かりにする

カリス：あと、コンプレックスって、それ自体が強みにはならなくても、それをきっかけに自己分析すれば、別の強みを気づかせてくれることもあるので、僕はとっても良いものだと思うんですね。たとえば、僕は遅刻しがちですし、単純作業もとても苦手ですが、だからこそ「クリエイティブな仕事にならら集中できる」という強みを発見できました。

はまい：凄くわかります！　僕自身も単純作業は超苦手ですし。弱みは、「できない」と割り切ることも大切ですね。実際に僕は、理数系を弱みとして受け入れて、「言語力や暗記力が問われる別の教科に集中する」ことで、9浪目にして早稲田に合格できました。理数系が苦手なのを受け入れることで、僕は前に進めましたし、進化できました！

カリス：コンプレックスって、万人受けを目指して、無理して克服する必要なんてないですからねー。人生は「自己満」なんだから、自分のペースで、できることに集中して生きていけばいい。そうしていくうちに、何かしらに成功したり、人に認められたり、趣味を楽しんだりして、コンプレックスに囚われなくなります。僕は父親と呼べるような人がいないのがコンプレックスでしたが、いろいろな成功体験を重ねることで、そんなのはどうでもよくなりました。

はまい：「自分は自分でしかないので、他の誰かになろうとしない」ってことですよね。コンプレックスで悩んでる人にとって、物凄く励みになる言葉だと思います。

「劣等感を言い訳にして人生から逃げ出す弱虫は多い。しかし、劣等感をバネに偉業を成し遂げた者も数知れない」

――アルフレッド・アドラー（個人心理学の創始者）」

9浪はまい（**濱井正吾**）

1990年、兵庫県生まれ。父の死後、低所得世帯で育ち、高校時代のいじめ、奨学金を利用しての大学進学、仮面浪人、働きながらの受験勉強時代などを経て9浪めの27歳で早稲田大学に合格。現在は教育系ライターとして自身の受験経験を発信している。著書に「浪人回避大全　『志望校に落ちない受験生』になるためにやってはいけないこと」（日本能率協会マネジメントセンター）がある

失敗は「ナイストライ」と捉え、気にしない

あなたは今つらいか。大丈夫、僕もつらいから。
あなたは今苦しいか。大丈夫、僕も苦しいから。
あなたは今寂しいか。大丈夫、僕も寂しいから。

何かに挑戦している限り、短期的には、苦難と苦痛と苦悩は避けられない。
挑戦には、失敗がつきもので、恥もつきもので、笑い者にされるのもつきものだからだ。

それでもなお、不安で、無様で、地べたに倒れそうになりながらも、我が道を行くべきだと思う。失敗だらけの人生だとしても、成功を勝ち取るその日まで、悔しさをバネにやり抜くべきだと思う。

いくら失敗しても、諦めず挑戦して一度だけ成功してしまえば、数多の失敗は「Nice Try!」

だったと正当化できる。失敗は「通過点」に過ぎなかったのだと、後から意味づけすることができる。なのに、途中で諦めて、「負け」が確定してしまうのは悔しい。大変ながらも心の底からワクワクする日々を、もう過ごせなくなるのは悔しい。

人間の脳は、僕たちが楽で快感を得られるほうに流れるように、常にバイアスをかけている。だから失敗を過度に恐れ、クリエイターになるのを諦めて、ルーチンワーカーとしてなあなあと生きる人は多い。しかし迷ったときは、脳に逆らって、短期的には苦しいけど長期的には幸せになれる「修羅場」を選ぶべきだ。逆境を乗り越えない限り、僕たちは何事もなしえないし、何者にもなれないから。

「過去は変えられないが、未来なら変えられる。自分の人生は、自分の手で選べる」それだけが、遺伝と環境による不平等な現実の中で、誰にも平等に残された「最大の希望」なんだと思う。だから、簡単にいくことばかりじゃないけど、自分でやると決めたことがあるなら、恥やプライドは捨ててやり抜くしかない。どうせ成功すれば、みんな手のひらを返すから、他人の目なんて気にしなくていい。

僕は走り続けるよ。

なぜなら勝者は諦めないから。


「遺伝や育った環境は単なる『材料』でしかない。その材料を使って住みにくい家を建てるか、住みやすい家を建てるかは、あなた自身が決めればいい」

――アルフレッド・アドラー（個人心理学の創始者）

今から考えられるベストを尽くす

失敗を重ねれば重ねるほど、お金や時間といったリソースはどんどん減っていくし、「あれもこれもできない」と、精神的にもどんどん追い詰められていく。

しかし、どうせない袖は振れないのだから、失敗で貯めた経験値を活かしつつ、今から考えられるベストを尽くすしかない。


僕は、うわべだけの言葉を述べているワケではない。

この原稿を書いている今日本日この日、僕は「失敗のど真ん中」にあって、奈落から這い上がるべく足掻き続けているのだから。

カリスト株式会社を立ち上げてから、否、立ち上げる前も含めて約3年間、僕は死ぬほど働いて、倒れて、死ぬほど働いて、倒れて、倒れて、ばかりを繰り返している。しかし残念ながら、そして当然ながら、ここまで頑張っても努力が報われるとは限らず、現に会社は顧客探しも資金調達も難航している。僕は今、自分を信じて集まった仲間を勝たせられないことに対して、大きな不安とストレスを抱えている。

結果を出さなければ、誰も守れない。
だから僕は決して諦めたりせず、毎日何度も拒絶されても、恥を捨てて今の自分や会社にできる全ての手を尽くしている。既存の商談を契約に繋がるべく、顧客もプッシュしているし、嫌われても恨まれてもいいから、一人ひとりに結果を出させるべく、従業員もプッシュしている。

さらに、商談を増やすために、同じ人に何度も営業メールを送って、同じ人に何度も顧客紹介をお願いして、国内外の学会・展示会で出展や発表も繰り返している。会社の認知度を高めるために、招待講演とメディア出演も毎月何度も行っている。投資家には投資を、銀行には融資を、国や自治体には補助金と規制改革をずっと頼みまくっている。

ここまで頑張ったところで、結局全てが水の泡になるのがオチかもしれない。それでも僕は、自分の思い描く未来「みんな健康かつ笑顔で暮らせる社会」を実現したいし、仲間と一緒なら実現できると信じているから、命を削って今考えられるベストを尽くす。

ベストを尽くさずに負けたら、過去の自分には一生誇れない。

「あなたの持てるものの中から、あなたのいる場所で、あなたのできることをせよ」

――セオドア・ルーズベルト（第26代米国大統領）

行動するときは、意志ではなく習慣に頼る

なりたい自分になるには、己を律する必要がある。
しかし、思うように人生をコントロールできる人はほとんどいないだろう。

●自分はダメ人間だと感じる
●自分で決めたことがやり通せない
●朝起きたらSNSばかり見てしまう
●禁煙を決意するも、つい喫煙してしまう
●計画したことをせず、休日をダラダラ過ごした
●今年の抱負を達成できないまま、1年が過ぎ去った

これらの行動は全て、あなたが「選択」を下しすぎた「代償」である。

選択とは、前頭前野・扁桃体・海馬を含む様々な脳領域が関与する複雑な思考プロセスなので、

日々の選択の回数が多いと「意志力が枯渇してしまう」ため、正しい選択が下せなくなる。己を律したければ、「強い意志を持つ」のではなく、「情報や選択の量を減らす」べきなのだ。

人間である以上、意志は弱くて当然。
己の欲望を抑え続けることは不可能なんだから、意志の弱い自分を責める必要はない。心理学的にも、自制や決断を重ねるほど認知的疲労が溜まり、自制が利かなくなることがわかっている。

たとえば、頑張ってダイエットしている人ほど、浮気しやすいらしい。だったら、浮気した自分を責めるのではなく、無理なく（＝選択せず無意識に）ダイエットを続けられるように、「習慣化」と「環境づくり」をしたほうが建設的だと言えよう。

「私は意志が弱い。その弱さを克服するには、自分を引き下がれない状況に追い込むことだ」
——植村直己（エベレストに初めて登頂した日本人）

意志力は有限な資源なので、回復させないと使い果たしてしまうが、ある程度は意志力の総量を増やすことができる。

ここでは、意志力の総量を増やすテクニックと、意志力をすぐ回復させるテクニックを３つずつ紹介しよう。

意志力の総量を増やす方法

①定期的な瞑想：短時間でも毎日瞑想すると、前頭前野・帯状回・前帯状回・扁桃体を鍛えられるので、ストレスが減って、注意力と自己制御力が高まる

②定期的な運動：軽い運動でも良いので継続すると、前頭前野・海馬を鍛えられるので、ストレスが減って、認知機能と自己制御力が高まる

③新しいことへの挑戦：新しい学習や趣味、挑戦を繰り返すと、前頭前野・帯状回を鍛えられるので、ストレスが減って、認知機能と注意力と自己制御力が高まる

意志力をすぐ回復させる方法

①グルコースの摂取：やる気が出ないときはグルコース（ブドウ糖）を摂取すると、前頭前野が活性化するので、意志力が回復する。ポーションを飲んでHPを回復させるイメージ

②タスクの切り替え：約50分ごとに休憩を挟んでタスクを切り替えると、前頭前野が活性化するので意志力が回復するし、偏桃体が抑制されるので気持ちが落ち着く。腕の筋トレをして腕が

疲れても、足の筋トレなら頑張れるイメージ

③終わりの可視化：事前に設定した目標や終わりを浮かべると、前頭前野と帯状回が活性化するので、意志力と注意力が回復する。終わりなきトンネルはくぐり抜ける気がしないが、光の見えるトンネルならまだ走れるイメージ

英国には「意志は立派な息子でもあり、厄介な子供でもある」という奥深いことわざがある。意志力の発揮だって、子育てだって、「長期的なビジョン」と「継続的なサポート」がなければ成り立たないし、どう足掻いても誘惑に負けることは避けられないから、「小刻みな目標達成」と「ささやかな報酬獲得」も欠かせないのだ。

本田圭佑がACミランに入団した際に、「心の中のリトルホンダに『どこでプレーしたいんだ？』と問いかけたら、『ACミラン』と答えた」と話した逸話は有名だが、結局人生とは「自分の中の子供をどう育てるか」に尽きる気がする。

とはいえ、僕たちの日常の行動の約4割は習慣に基づくとされるし、成功するには「意志力の鍛錬」以上に、「習慣による行動の自動化」も大事である。重要でない選択にいちいち時間やエネルギーを消費してしまうと、重要な選択に十分なリソースを割けないから。

だから僕も、こだわるべきところは凄くこだわるけど、こだわらなくてもいいところは一切こだわらないという、自分の関心を最優先する向こう見ずな生き方をしている。

意志ではなく習慣に頼れば、人生は思い通りにコントロールできる。

「人間は相当意志を強く持って、志を高く揚げ、核となっている大きな支えを持たないと、一生懸命にやっているつもりでも、無意識のうちに楽な方へ楽な方へと流されていく」

——羽生善治

習慣化すれば、意志なしに行動できる

習慣化とは、意志力を温存するための「行動の自動化」である。

特定の行動に適応すれば、身体が条件反射的に動くようになるので、面倒に感じずに済む。

脳はエネルギー消費を抑え、新しい情報や環境に集中すべく、繰り返し行う日常のルーチンを大脳基底核によって自動化する。このプロセスには、報酬系ホルモンであるドーパミンの関与が

大きいので、人間は期待以上の報酬を得た行動を繰り返しやすい。

そのため習慣は、「特定のきっかけ」に触れた脳が、「具体的な報酬」を期待して「ルーチン」を繰り返し、実際に「報酬」を得るという、「きっかけ」→「ルーチン」→「報酬」のループ構造によって形成される。たとえば、「スマホの通知音が鳴る」→「スマホを確認する」→「新しいメッセージや『いいね』を受け取って満足感を得る」といった感じだ。

だから新しい習慣を体得するには、「禁煙する」「運動する」といったルーチンだけでなく、その前の「きっかけ」とその後の「報酬」も決めておく必要がある。「職場からの帰宅直後にジョギングする」といった「特定のきっかけ」と、「ジョギング後にビールを飲む」といった「具体的な報酬」を設定した人のほうが、そうでない人より習慣化に成功しやすいことは、心理学研究からもわかっている。


「我々自身は繰り返し行っている行動により作られる。したがって、優秀さは行動ではなく習慣によるものだ」——アリストテレス

幕之内一歩のボクサーとしての成長物語である『はじめの一歩』で、一歩のボクシングの師で

ある鴨川源二は「地味なことの反復になるが、優秀な選手ほどその努力を惜しまないと思い知れ」と語っており、一歩もその言葉を信じて疑わずに、日々の練習に励んでいる。
人間の意志力なんてたかが知れているから、このように成功には習慣化が欠かせない。

ここでは、日常のルーチンとして特にオススメできる習慣を5つ紹介しよう。

①**起床直後に太陽光を浴びる**：朝の強い光を浴びると、脳が覚醒するうえにズレた体内時計もリセットされるので、日中の生産性と睡眠の質が上がる
②**起床直後に水を飲む**：朝起きてすぐ水を飲むと、脱水状態が改善するうえに新陳代謝も活性化するので、疲れにくくなるし注意力も上がる
③**食後に軽く散歩する**：食後1時間以内に10分散歩すると、脳が覚醒するうえに血糖値上昇も抑えられるので、集中力が上がるし太りにくくもなる
④**就寝前にスマホを見ない**：寝る前にスマホを遠ざけると、スマホ画面からの青色光による睡眠の質低下を避けられる。なお、睡眠の質は加点方式ではなく減点方式なので、◯◯すればよく眠れる、といったものはない
⑤**メールやLINEをまとめて確認する**：メールや通知は時間を決めて1日3回だけ確認する

と、頻繁な確認による集中力の乱れを避けられる

逆に悪い習慣を断ち切るうえでは、「特定のきっかけ」と「具体的な報酬」は据え置きにし、「ルーチン」だけ変えることが有効だとわかっている。たとえば、断ち切りたい習慣が「ニコチンへの欲求を感じる」→「喫煙する」→「スカッとする」である場合は、「ニコチンへの欲求を感じる」→「リフレッシュできる場所で散歩する」→「スカッとする」というふうに代替案が必要だ。

人間は「アメとムチ」で動くから、いきなり悪い習慣だけやめようとしても、別のアメがなければ結局続かない。

「21日で新しい習慣が形成される」という言葉は有名だが、実はこれは正確な表現ではない。習慣化までにかかる期間は、習慣の内容や個人、環境によって千差万別だ。ロンドン大学のフィリパ・ラリー博士らの研究によると、習慣化に必要な期間は18日から254日（平均66日）と、非常に幅広いことがわかっている。

だから習慣化する対象や期間などは自分の意志や心身、状況を踏まえ、少しずつ調整していくのがいいだろう。

マイペースに良い習慣を増やして、望みの未来へ一歩踏み出そう。

「成果をあげる人に共通しているのは、自らの能力や存在を成果に結びつける上で、必要とされている習慣的な力である。私の知る限り、知能や勤勉さ、想像力や知識がいかに優れようと、そのような習慣的な力に欠ける人は成果をあげることができなかった。成果をあげることは一つの習慣である。習慣的な能力の蓄積である。習慣的な能力は、常に習得に努めることが必要である。習慣になるまで、いやになるほど反復しなければならない」

――ピーター・ドラッカー（現代経営学の発明者）

誘惑の少ない環境をつくれば、習慣は継続できる

環境づくりとは、習慣を継続させるための「選択肢の最小化」である。選択肢を限定すれば、誘惑に負けずに行動を繰り返すことができる。

習慣は「きっかけ」→「ルーチン」→「報酬」のループ構造なので、良い習慣を取り入れたり、悪い習慣を断ち切るためには、習慣のトリガーとなる「きっかけ」、つまり物・場所・時間・雰囲気といった「環境」を整えることが最重要である。望ましいきっかけが多く、望ましくないきっかけ（＝誘惑）の少ない環境をつくれば、良い習慣は自然と続けられる。

英語のことわざに「Out of sight, out of mind（見えないものは、忘れられる）」というものがあるように、忘れたいものは見えなくしてしまえばいいし、逆に大事にしたいものは見えるようにしてしまえばいいわけだ。

たとえば、ジムに行く習慣を形成したい場合は、玄関をキレイに片付けて、前の晩にジムのバッグだけ出口の近くに置いておくと、翌朝の運動に対する心理的障壁が下がる。同じく、スマホやテレビのない部屋で読書すると、認知的負荷が少ない分読書に集中できるので、新しい知識や情報、リラックスを得る可能性が高まるだろう。

「人間は環境を作るからして、そこに人間の人間たる所以がある。人物が偉大であればあるほど、立派な環境を作る」

——安岡正篤（歴代総理の指南役として有名な思想家）

『はじめの一歩』の一歩が、いつでもいつまでも頑張れたのは、師である鴨川がボクシングに専念できる立派な環境を鴨川ジムにつくったからに他ならない。グローブ・ヘッドギア・マウスピース・バンデージ・シューズを含むボクシング用具があり、リング・ヘビーバッグ・スピードバッグ・ダブルエンドバッグを含むボクシング設備があり、切磋琢磨できる仲間とライバルがいて、根性論とボクシング理論を絶え間なく説く師がいて、それ以外は何もない環境においては、ボクシングの修業をする以外の選択肢はあり得ないだろう。

このように、選択肢を制限すれば、良い習慣は誰でも継続できる。

ここでは、勉強や仕事などの集中力を簡単に高める環境づくりのコツを5つ紹介しよう。

①**必要最小限の物しか置かない**：余分な物がないシンプルな環境を整えると、誘惑と認知的負荷が減るので、注意力を保ちやすい

②**部屋を目的ごとに分ける**：「作業部屋では作業だけ」「寝室では睡眠だけ」というふうに部屋の用途を決めると、特定の部屋に入るだけで習慣のトリガーが発動するので、意欲が湧く

③**マルチタスクしない**：シングルタスクの頻繁な切り替えに過ぎないマルチタスクをやめると、

認知的負荷が減って集中力を保ちやすくなるので、作業効率が上がる

④静寂を保つ：部屋を静かにすると、ストレスが減るので、集中力が上がる。ただし、完全な静寂はむしろ集中力を低下させるので、ホワイトノイズや自然音を流したほうがいい

⑤適温を保つ：室温を25℃前後にすると、身体が快適になるので、生産性が上がる

自分の置かれた環境を嘆いても、仕方がない。大事なのは、それをどう受け止め、どう改善していくかだ。川に橋がなければ、橋を架けて渡ればいい。希望を持って行動すれば、運命は自らの手で設計できる。

環境を変えれば習慣が変わるし、習慣が変われば運命が変わる。

「状況？　何が状況だ。俺が状況を作るんだ。環境？　環境がどうしたというんだ。環境とは自分で作り出すものではないか」

――ナポレオン・ボナパルト

【体調管理のために、水分補給とストレッチをする】

技術の発展で便利な世の中になった。
しかしその代償なのか、なんとなく体調不良を訴える現代人は多い。

●慢性的な肩こりがある
●常に軽い頭痛を感じる
●朝起きると全身がだるい
●眼精疲労と吐き気がする
●普段よりも手や足が冷える
●急に気分が落ち込んだりする

それもそのはずだ。現代社会において、食生活の乱れ・睡眠不足・休憩不足・運動不足・ストレス増加はつきものだから。僕たちの身体は常に緊張状態にあって、リラックス状態を維持するのが至難の業と化しているのだ。

外食や出前、ファストフードの普及で、栄養バランスを保つのが難しくなった。スマホやパソコン、テレビの利用が増加し、質の良い睡眠も取れなくなった。過度な仕事や勉強が続き、休憩時間も不規則かつ不十分になった。労働環境や人間関係、経済状況が複雑化し、ストレスの原因も増えた。都市化やデスクワーク、リモートワークに伴い、運動不足が顕著になった。

身体のリラックスが体調と成果を決める

でも大丈夫。僕たちの身体は、「動作不良」を起こしている家電と同じだから、数分間プラグを抜けば再度動くようになる。

だから疲れたときは、自分の身体・心・精神をリフレッシュさせる「リセットボタン」を押して、リラックス状態を取り戻せばいい。

僕たちは、忙しいときほど休憩時間を惜しみがちだ。しかし身体をリラックスさせるのは、時間の無駄ではない。人間はリラックスしているときほどポジティブになり、「今」に完全にのめり込むフロー状態に入るので、物事の全体像を見てクリエイティブな解決策を浮かべられるのだ。まるで、リラックスして寝ている脳が「夢を見せてくれる」みたいに。

一方でリラックスしていないと、脳がネガティブな感情を浮かべるので、視野が狭くなって一点集中してしまう。一点集中は必ずしも悪いことではないが、パフォーマンスを上げるには、もっと大局も見たほうがいい。

「楽観的に構想し、悲観的に計画し、楽観的に実行せよ」

——稲盛和夫（京セラ創業者）

身体をリラックスさせる「リセットボタン」としては、「シャワーを浴びる」「散歩する」「水を飲む」「瞑想する」などが挙げられる。僕は寝る前に、睡眠学の権威である柳沢正史先生が紹介した「5秒でできる筋弛緩法（全身に力を入れて5秒間キープし、10～20秒間脱力する）」もやっているが、実際に寝つきが良くなった。

そういった「リセットボタン」の中でも特に効果的なのが、こまめに身体の内側を整える「水分補給」と、身体の外側を整える「ストレッチ」である。

僕たちの身体の3分の2は水分で構成されており、細胞は水分を介して、栄養素や酸素の吸収と不要物質の排出を行う。だから水分補給を通じて「体内環境維持」と「身体冷却」をすると、頭痛や疲労感、熱中症などを避けられる。

ストレッチは筋肉を動かすことで血流を促進できるので、水分補給と相性が良い。さらにストレッチで「可動域拡大」と「ストレス軽減」をすると、日々の動作がスムーズになるし、リラックス状態に欠かせない心地よい疲労感も得られる。

本稿では、筆者のカリスが、サラリーマンや主婦、アスリートなど1000人以上のストレッチを担当してきたトレーナーの橘天馬さんに、具体的な水分補給とストレッチの方法を伝授してもらう。

「逍遥遊（自然のままに心を解き放ち、自由に生きること）」――荘子（『荘子』より）

水分補給で本来の血液を取り戻す

カリス：よろしくお願いします。早速ですが、水分が足りないと身体はどうなるんですか？

橘：よろしくお願いします。水分を十分に摂らないと、脱水して血流が悪くなりますよね？　だから肝臓が体内に溜まった老廃物を処理しきれないので、肝臓の病気になります。さらに心臓も血液を流しにくくなるので、血圧が上がって心臓疾患になる。汗を流して体温調節することもかなわないので、熱中症などで運動能力と認知能力と集中力も低下します。

カリス：デメリットばかりですね。具体的には、どれくらいの脱水量でアウトなんでしょう。

橘：なんと、2％脱水するだけで運動能力が低下するんです。3％脱水するとぼんやりしてきて食欲不振にもなりますし、4〜5％になると疲労感や頭痛、めまいなどの脱水症状も生じます。10％以上だと、死に至ることさえあります。

カリス：水を飲まないって、本当は「生き物として生きることを放棄する」ようなものだったんですね。疲れてる人は水分不足の可能性が高いので、まず水分補給したほうがいいですね。

橘：水は欧米では「男は3ℓ・女は2・5ℓ」などと必要栄養素として定められているほど重要です。でも普通に3食を食べても1ℓにしかならないので、ほとんどの人は水分不足状態です。

カリス：とはいっても、あと2ℓも水を飲むって、しんどくないですか？

橘：普段から水分補給するのが大事だと思います。だけど、生活のどこで水を飲めばいいか、みんなわかってない。朝起きた後500㎖、寝る前500㎖飲むのを「習慣化」すれば、水は案外いっぱい飲めるんですよ。あと、唇がパリパリしてきたらすぐ水を飲む。運動中にはガブ飲みする。お腹がすいたときも、水を飲めば空腹を紛らわせられるから良いでしょう。

カリス：ダイエットしてる人にも朗報ですね。水の正しい飲み方ってあったりしますか？

橘：現代人はジュースやお茶ばかり飲みがちですが、砂糖と添加物が入ってる上にカロリーも高いので、なるべく純粋な水を飲むべきです。特にカフェインとアルコール飲料は、利尿作用があるので水分補給にはなりません。東大の研究によると、ビールを1ℓ飲むと、体内の水分が約100mℓ出るそうです。僕自身、筋トレしてるのもあって、お酒は飲まずに水をいっぱい飲んでますが、だからこそいつも元気いっぱいなんです。

カリス：僕は普段、コーヒーやコーラばかり飲んでいるので、見直さないとヤバいですね。ミネラルウォーターなどを飲む量を増やさないと。

橘：あと、水で食べ物を飲み込むのもやめるべきです。消化不良にもなりますし、満腹感が得られず太りやすいので。

カリス：今まで担当してきたお客さんも、水分補給が不十分な人って多かったですか？

橘：めちゃくちゃ多いんです！　水をもっと飲むように勧めたところ、「思うように身体が動くようになった」「肩こりと頭痛がなくなった」「寝つきが良くなった」とみなさん言ってくださって、うれしかったです。だから体調が悪いときは、ぜひこまめな水分補給を実践しましょう。

カリス：水って身近すぎるからこそ、逆にその大切さに気づけず、みんな「水臭い」感じになってますね。なんだか、水が「みずみず」しく思えてきました（笑）。僕も体調を崩しがちなので、これからもっと意識的に水分補給をしようと思います。

「万物の根源は水である」——タレス

ストレッチで本来の筋肉を取り戻す

カリス：ストレッチについても、教えてください。そもそも、なんでしないとダメなんですか？

橘：現代人は座りっぱなしですが、それは本来の人間のあるべき姿ではありません。同じ姿勢が続くと、身体が固まって動かなくなりますし、血流が下がって肩こりや頭痛にもなります。だから意図的に関節を伸ばす運動（＝ストレッチ）をして、可動域拡大と血流促進をする必要があります。実際に東大の研究によると、手首を伸ばすだけで、血流が良くなるそうです。

カリス：ストレッチって、身体の外側にも内側にもアプローチできるんですね。確かに、可動域が狭かったり、体調不良の人は、筋肉や関節があるべき場所にない気がします。

橘：はい、習慣的に猫背や頭痛になる人は、自律神経が崩れています。ストレッチして可動域を広げると、副交感神経が優位になるので自律神経を戻せます。腕と足が軽くなるので、歩行や手作業といった日常生活のパフォーマンスも上がりますしね。

カリス：僕も猫背で頭痛持ちですが、ストレッチが足りなかったんですね。具体的なストレッチのコツってありますか？

橘：４つあります。①習慣化して毎日やる。継続しないと、筋肉は元に戻ってしまいます。②呼吸を止めない。息を止めると力むから、怪我しやすいです。細く長く呼吸しながらストレッチすると、よりリラックスできます。③反動をつけずにやる。ラクしようと反動をつけると、筋肉を傷つけてしまいます。④リラックスできる回数だけこなす。ストレッチするときは、30～40秒ほど同じ筋肉を継続して伸ばしますが、何セットするとかは決めなくていいです。回数よりも、気持ち良い状態を得て、リラックスすることのほうが大事です。

カリス：おお、物凄く納得感があります。特にリラックスのところはそうですよね。「身体を伸ばすことで、心も伸ばす」みたいな感じなんですかね。

橘：まさにそうです。電車や街中でキレてる人は、実は筋肉が硬いからキレてるんだと思います。身体が思い通りに動かないから、心に余裕を持てなくなって、自己制御力を失ってしまう。リラックスすると不安が軽減できるので、ポジティブかつクリエイティブになれます。

カリス：リラックスは、ストレスという根源を打ち消すことができるので、ホント大事ですよね。そういえば、特にストレッチしたほうがいい筋肉ってありますか？

橘：身体の土台となる大きな筋肉であり、デスクワークで固まりがちな「肩甲骨」と「お尻」が特に重要です。肩甲骨とお尻だけでも、毎日ストレッチを続けてください。筋肉は全体的に繋がってるんで、これらの筋肉に柔軟性を持たせると、全身が柔軟になります。

カリス：それぞれ、やり方も教えてください！　まず肩甲骨から。

橘：肩甲骨を「意識しながら」大きく回すのがオススメです。何も考えず、ただ回してる人が多いですが、ストレッチする際は筋を意識すべきなんです。そうすると神経筋協応能（神経・筋・関節・靭帯などの調和）が高まり、姿勢改善・神経／筋機能促進・血流／代謝促進・老廃物除去・歪み矯正・リラクゼーションに繋がります。

カリス：あー。普段は筋を意識せずストレッチしてました。本当は良くなかったんですね。お尻のストレッチはどうですか？

橘：「座ったまま脚を組んで前に倒す」「腿上げする」の2つがオススメです。肩甲骨同様に、「意識しながら」しましょう。経験則で言えば、腰痛持ちの8割は、お尻が硬いんです。

カリス：実際にお客さんで、ストレッチして体調改善した事例を紹介していただけますか？

橘：数えきれないほどあります！「内臓機能回復と血流向上で便秘が治った」「可動域が増えて活動量が増えた分、一気に体重が落ちた」「運動したくなったし、やる気も出てきた」などなど。

本当にストレッチを毎日やらない理由がない。

カリス：水分補給とストレッチは相乗効果もありますし、体内外を整えるという点で「最強のリセットボタン」に思えてきました。

橘：水分補給とストレッチを習慣づけて、思い通りに動く身体を手に入れましょう！

「ストレッチは、私の準備の中核を成していた」

——エドウィン・モーゼス（122連勝と五輪金メダル2個を誇る米国の陸上競技選手）

橘天馬

1997年、兵庫県生まれ。社高校で硬式野球部、天理大学でアメフト部に所属。前十字靭帯断裂を経験しストレッチの重要性を認識。大学卒業後、上京し某ストレッチ専門店で勤務し、現在は「スターテニスアカデミー」の専属トレーナーとして活動中

第5章

未来

【自分の才能を知り、プロデュースする】

徳川家康が天下人になれたのは、最も我慢強いからなのか。

ジェフ・ベゾスが大富豪になれたのは、最も創造的だからなのか。

マリリン・モンローが大スターになれたのは、最も美しいからなのか。


否、違う。

彼ら・彼女らが成功したのは、自身でも語っているように「最も運が良かった」からなのだ。

成功の決め手は運である

人間が成功する条件は、運・才能・努力の3つからなる。おそらくその比率は「運7割・才能2割・努力1割」あたりだろう。

成功とは「運によってもたらされたチャンスを摑むこと」だから、運の影響がぶっちぎりで大きいのは間違いない。受験と違って過去問を踏まえた対策ができない人生は、運ゲーそのもの。

「宝くじ買う人っているじゃない。あんなの、普通に買ってて当たるわけがないのにさ。それなのになんで買うのかと言えば、『夢を買ってる』っていうんだけど……その言葉を聞くたびに私なんかは思っちゃうわけだよ――『現実を買え』」

――阿良々木月火（西尾維新『囮物語』より）

肝心な運を味方にし、実力発揮するには「個人の生まれ持つ資質」である才能が必要だ。だから、運の次に重要なのは才能となる。

僕たちがどう足掻いたって、ＷＢＣを優勝した大谷翔平みたいに１６５キロを投げられるわけがないから、自分の勝てる場所で努力し、勝ち切ることが重要なのだ。

- **努力すれば報われる**
- **私は絶え間ない努力のおかげで成功できた**
- **天才は１％のひらめきと99％の努力でつくられる**

こんな言葉は聞こえがいいし、一見平等に思えるが、現実には全く即していない。たとえば、研究者のキャリアの長さと研究のインパクトは無関係であることがわかっており、2年努力しようが、20年努力しようが、関係ないらしい。社会人だって、2年も頑張れば才能は十分に引き出せるから、それ以上にパフォーマンスを上げることはなかなか難しいはずだ。

ゲームのルールを理解した上で、勝負に出よう！

「結局は、運とセンス」——利根川 進（ノーベル生理学・医学賞受賞者）

才能で運を活かす

才能とは、チャンスに繋がる運を活かす力である。

運を活かすには「ハッタリ」と「既成事実の追認」が必要だ。

好運に出合ったら、まずは「自分ならできる」とハッタリをかますことで、機会をもらう。それからは、自身の能力とアイデアを駆使しつつ、関係者も巻き込むことで、その既成事実を追認し成功を摑むのみ。

ハッタリには当然リスクと覚悟が要るが、強引でなければ人はついてこないし、成功もついてこない。成功する人が少ないのは、好運に出合わないからではなく、覚悟が足りず好運を捉えられないからだ。

僕は、天才とは、心の中にあるものを実行できる人間だと思う。数多ある潜在能力の中から、自分が勝てる「特定の才能」を伸ばしておき、好運が訪れた場面で実力を示す。時間は有限だから、自分がやるべきことだけやって、やるべきでないことはやらないことが重要だ。

「人の能力には天性遺伝の限界があって、それ以上になることは決してない。牛馬などは、その良否が二、三歳の時に容易に識別できるという。人間も牛馬と同じである。相撲の番付の末席に二年も三年も名前を書かれている小男が、関取に昇進することは到底望めない。」

――福沢諭吉（『福翁百話』より）

遺伝や才能に関する、以下のよくある誤解を解いておこう。

●結局は親ガチャ
●親が馬鹿だと、子も馬鹿になる
●きょうだいはできるのに、自分はできなくておかしい

遺伝は読んで字のごとく「遺（のこし）伝（つたえる）」という親から子への機械的な伝達しか意味しない。知能・性格・身長・体重といった個性はたくさんの遺伝子の効果が合わさって表れる。親やきょうだいとは半分しか遺伝子を共有していないから、才能や遺伝は「個人の生まれ持つ資質」と捉えて、自分なりに可能性を見つけて活かすべきなんだろう。ちなみに、働きアリは姉妹間で75％も遺伝子を共有するため、自分で子孫を残すより女王アリが子孫を残したほうが有利なので、文字通り「死ぬほど利他的」らしい。

勉強に関しては、僕は参考書の3割しか読まないけど、高得点が取れる。研究に関しても、僕は必要最低限の実験しかしないけど、高被引用論文が書ける。思考力・論理力・構成力が問われる場面で何が重要で何が重要でないかは、僕になら一瞬でわかるから。

逆に僕は空間認識能力が低く、実技や運動は苦手だから、一切頑張らない。

このように、どうせ努力するなら、自分の勝ち目がある場所で「要領良く」頑張るべきだ。的外れなところで頑張ることに意味なんてない。

自分を過大評価も、過小評価もせず、堂々と認めて輝け！

「僕の場合、『努力する部分』というのは、『ここなら勝っている』という箇所。まずは、そこを見つけるところから始める。」
――西野亮廣（お笑い芸人・絵本作家。『魔法のコンパス　道なき道の歩き方』より）

努力で才能を活かし、運を増やす

努力とは、生まれ持つ「才能」を活かす力と、「運」に遭遇する回数を増やす力の2つから成る。
才能を活かすには「希少価値の創出」と「収益化」が必要で、運を増やすには「アイデア構想」と「他者との関係構築」と「資本」が必要だ。

能力の凄さと評価は必ずしも比例しないから、2年以内に評価される可能性が高い能力を伸ばすことで、希少で無価値な存在ではなく、「希少で価値のある存在」を目指そう。事業化やキャリアアップ（転職・副業）を通じて希少価値を追求すると、「そんなの意味あるの？」と最初は無視されがちだが、どんなに無様でも滑稽でも耐え抜くべきだ。努力で自分の価値を証明し、成功事例さえ作ってしまえば、どうせ周囲はすぐに手のひらを返す。

努力できないのは志、より端的に言うと「強欲さ」がないから。人間は「自分の希少価値で勝ちたい！　絶対に負けたくない！」という「強欲さ」があれば否応なく努力する。「自分には無理」と、やる前から自分で自分を諦めるには、人生はもったいなさすぎる。覚悟が決まれば、迷いは晴れる。

「努力した者が全て報われるとは限らん。しかし！　成功した者は皆すべからく努力しておる!!」

——鴨川源二（森川ジョージ『はじめの一歩』より）

成功は「アイデア」と「人」と「お金」から来る。
そう、実は運が訪れる回数は完全にランダムではなく、この3つの努力次第で増やせるのだ。

だから本筋以外のことは荒立てず、穏便に済ませつつ、成功に向けた努力だけを続けよう。

普段から読書と体験を重ねて多角的な視座を育み、それを活かした創造的なアイデアを数多く構想しておく。常日頃、自分の成功に少しでも寄与しそうな人と関係構築して種を蒔いておく。最も優先順位は低いが、できれば何かを開始するためのお金も確保しておく。そうすれば、迷信的ではなく、科学的に運は引き寄せられる。

運を活かし成功を掴むための方法は、以上である。報われる努力をするか否かはあなた次第。

結果で後悔はしても、生き様で後悔はするな！

「僕を天才と言う人がいますが、僕自身はそうは思いません。毎日、血の滲むような練習を繰り返してきたから、いまの僕があると思っています。僕は天才ではありません」

――イチロー

冷静な狂気で、自分の勝ち筋を見つける

「自分は負け組」「今が人生のどん底」と感じる人は多いだろう。たとえば、こんな感じだ。

- ●お金がない
- ●誰からも好かれない
- ●何をやっても失敗する
- ●トラウマから抜け出せない
- ●常に他人と自分を比べて絶望する
- ●メンタルがやられて、何もできない

でも大丈夫。

「自分は負け組」と感じるのは、勝ち組に変わりたいという「変身願望」があって、現状に満足せずに高みを目指している証しなんだから。その逆境は冷静な狂気で乗り越えてさえしまえば、

人生の転機になる。

今がどん底なら、這い上がればいい

ポルトガルのことわざには「逆境は英雄をつくる」というものがある。逆境でこそ人は「真価」と「進化」が問われるから、逆境を乗り越えるたびに、人は強くなれるのだ。

奈落に落ちたことは、既に落ちてしまったんだから仕方がない。大事なのは、現状を嘆き続けるか、受け入れて這い上がるかだ。僕なら、後者を選ぶ。というか、選び続けてきた。

僕は幼少期ずっと虐待といじめに遭った。そのことは不幸せだ。でも、「虐待する親父や、いじめっ子を見返してやろう」と頑張った結果、16歳で東大に合格できたし、その後も次々と成功を収めた。だから、総合的には僕は幸せだ。

暗闇から抜け出すには、希望の光を見いだす必要がある。希望は慰めにも、救いにもなるから。

負け組がどん底から這い上がって、人生逆転を果たすための希望は、この2つの「強欲な戦略」にこそある。

①冷静な狂気で、自分の勝ち筋を見つける
②2年で、人生を変える大勝負に出る

「逆境の時こそ、先見性と機動力を試すチャンスである」
――越後正一（実業家）

希少無価値ではなく、希少価値を追求する

勝ち組は、勝ち筋を見つけるから勝ち組なのである。

勝ち筋は自分の「強み」と「環境」の掛け算にあるから、少ない努力で希少価値を発揮できる「スイートスポット」を探そう。そのためには、自分に合った奇抜なアイデアを練る「狂気じみた発想力」と、その真価を正しく評価する「冷静な審美眼」が必要だ。

僕らは、無限の可能性など秘めていない。顔・頭脳・運動神経・笑いのセンスなど、全てには格差がある。顔が良くない人は、アイドルを目指してもなれない。頭脳が優れていない人は、研究者を目指してもなれない。運動神経が良くない人は、アスリートを目指してもなれない。

だから自分の経験則から、限られた才能（＝学習能力）を見極めることが重要なのだ。

●少し勉強したら、数学が得意になった
●少し練習したら、足が速くなった
●少し訓練したら、良い声になった
●少し化粧したら、美人になった

こうした要領良く勝てる自分の強みが「自分の勝ち方」であり、成功を引き寄せる。

勉強も運動も早起きも苦手な『ドラえもん』ののび太くんだって、射撃能力だけは宇宙一だ。だから弱みは全て無視して、この才能を磨くことだけに時間を費やすべきなんだろう。

僕も枚挙にいとまがないほどの弱みを抱えているが、全て無視している。

●泳げない
●自転車に乗れない
●絵心がない
●音楽の才能がない
●空間認識能力が低い
●興味のない仕事が絶望的に苦手

現代資本主義社会は「専門化と細分化」が激しく、徹底的に「需要と供給」で動く。つまり、努力と報酬の相関は弱いので、自分の強みが評価される環境はごくわずかである。だから自分が身を置く業界・職種・学校・交友関係などの環境は、希少価値を考えて変えていかねばならない。

様々な環境を正しく認識したうえで、自分の才能との「狂気じみた掛け算」をしてみると、自分の「強欲な勝ち筋」は見つかるはずだ。あとは、見つけた勝ち筋が「希少価値」か「希少無価値」かを冷静に評価したうえで、できることを逆算し、自分を成長させていけばいい。

「冷静な狂気」という思考法があったからこそ、僕は16歳で東大に合格できたし、日英韓のトライリンガルになれたし、韓国の兵役も回避できた。

僕がサラリーマンを辞めて、メディア出演による知名度も活かしつつ起業した理由も、冷静な狂気で自分なりの勝ち筋を見つけたからだ。


「悪魔のように細心に！　天使のように大胆に！」

——黒澤　明

2年で、人生を変える大勝負に出る

「苦しいから逃げるのではない。逃げるから苦しくなるのだ」

これは哲学者ウィリアム・ジェームズの言葉だが、耳が痛い真実だと思う。残念ながら、ほとんどの人は現状に不満を抱きつつも、変化を恐れて一歩を踏み出せずにいる。

しかし、「楽」と「楽しい」は違う。「楽」な生き方を選んでも、「楽しい」人生にはならない。変わりたければ、現実と向き合い、未来を切り拓くためのリスクを取らねばならない。

何かを始めるのに遅すぎることは決してない。2年あれば、人生はいくらでもやり直せるから。

憧れや夢があるのなら、今こそ勝負のときだ。

勇気を出して一歩踏み出せば、新世界が広がる。

「『勝ち負けにこだわるのはくだらない』というのは、勝てない人間が吐く言葉だ。」
――流　音弥（作家）

勝つなら、素早く勝つ

勝ち組は、素早く勝ちに行くから勝ち組なのである。

勝利は自分の「希少価値」と「意欲」の掛け算にあるから、「スピーディー」に勝負を決めよう。自分の勝ち筋に沿って、希少価値を身につけるには2年はかかるし、身につけようという意欲も2年しか持たない。つまり、2年かけて大勝負に出れば、人生は変えられる。

希少価値を発揮する熟練者になるには、どれだけ時間が必要か。

専門性を磨いて一流として成功するには、1万時間もの練習・努力・学習が必要だという「1万時間の法則」は、元となる研究を行ったアンダース・エリクソン教授自身によって、全否定されている。エリクソン教授は時間より質のほうが大切だとし、「非常に高いレベルの専門性を身につけるまでに必要な時間は、1万時間よりもずっと少ない」と述べた。

僕自身や世の成功者たちの経験からすると、希少価値の習得には最短で「約2000時間」かかると言える。正しい方向性で報われる努力をしたとして、実践レベルに達するまでに「約1000時間」、重宝レベルに達するまでに「約2000時間」といったところ。「2000時間」あれば、大脳が主に司る「深い理解」と小脳が主に司る「速い反応」のどちらも体得し、「真似しづらい境地」に到達できる。

仕事後や休日に毎日3時間かけたとして、「2000時間」までに「約2年」かかる。つまり、「冷静な狂気」で見つけた勝ち筋に沿って、2年かけた大勝負に出れば、人生は変えられるのだ。

ただし、飲み会も、友達との遊びも、時間のかかる趣味も全て我慢する、修道士のような生活はモチベーション的に長く続かない。固い決意は時とともに風化していくからだ。

それはワクワク感を出す「脳内麻薬」であるドーパミンの大量分泌が、身体への負担の大きさから、2~3年で尽きることを踏まえると当然とも言える。入社3年目に転職する人が多かったり、付き合って3年目に別れるカップルが多いのも、これが原因。さらに3年も過ぎれば、結婚や病気、介護などの一身上の都合も生じやすいだろう。

「2年後に!!!　シャボンディ諸島で!!!」

漫画『ワンピース』で麦わらの一味は、「2年後の再会」を約束し、それぞれ厳しい修行に励んだが、希少価値と意欲の観点からも、この2年は理にかなっている。

今がどん底でも、2年かけた大勝負に出て一度でも成功すれば、誰でも勝ち組になれる。僕がそうであったように、人生は自らの意志で導けるのだ。

僕はYouTube動画の冒頭で、いつも「Change of Shape」と言っている。「Change of Shape」とは、昆虫が成長過程で姿かたちを変える「変態」を指す。僕が「変わりたい」という願望を叶えるべく、地獄の底から這い上がってきたように、あなたも2年かけて脱皮し、人生一発逆転を果たしてくれたらうれしく思う。

今日よりもっと輝いたあなたに出会うことを、楽しみにしている。

「時間をかけて慎重に考えよ。しかし行動のときが来たら、考えるのをやめて進むんだ」

——ナポレオン・ボナパルト

【課題先進国・日本で、起業してみる】

日本は「課題先進国」とよく言われるが、世界に先駆ける社会的課題を経済成長のエンジンに転換しない限り、少子高齢化・人口減少・東京一極集中・インフラ老朽化・医療崩壊などで苦しむ、単なる「課題だらけの国」に過ぎない。

残念ながら、現にそうなっているから、毎年衰退し続けている。

その最大の原因は、影響力のあるスタートアップがほとんど育っていないことに尽きる。これは、NVIDIAやAppleといった「マグニフィセント・セブン」と呼ばれる新興ビッグテック企業7社が、米国全体の経済成長を牽引していることからも明らかである。

スタートアップは機動性が高く、「ハイリスク・ハイリターン」の狂った発想に賭けて社会的課題を解決するので、日本が「課題解決先進国」になるためには欠かせない。そういった観点から、日本政府もスタートアップへの投資を5年で10倍にする「スタートアップ育成5か年計画」

を２０２２年から推進している。

日本は、デジタル化も規制改革もエコシステム構築も人材育成も、他の先進国に5年、10年も遅れているが、だからこそ国内での競争も緩いし、世界に通用する社会的課題も多い。起業する絶好のタイミングは、日本を再生させるタイミングは、まさに「今」なのだ。

だから僕は、世界一の高齢社会／国民皆保険ゆえの、世界に誇る良質かつ多様なCT・MRI・病理画像といった医用画像データを活かすことで、医療ＡＩ／創薬ＡＩ研究開発にすぐ使える医用画像データプラットフォームを手掛ける「カリスト株式会社」を２０２２年に創業した。

シンギュラリティが訪れる２０３２年頃には、ＡＩが診断と治療の大半を医師の代わりに行うようになる。健康寿命延伸と医療費削減に向けては、ＡＩによる個別化医療の実現（例：早期診断、薬効評価、予後予測）が欠かせないからだ。そのため、医療ＡＩ／創薬ＡＩ産業は世界中で爆発的に成長しており、２０２４年6月時点で、米国だけで９５０製品もＡＩ医療機器が存在し、他の先進国も似たような状況だ。

しかし漠然とした不安が理由で、医用画像データ流通がほとんど進まなかった日本には、なんとＡＩ医療機器は30製品程度しか存在しない（逆に言えば伸びしろしかない）。

医療ＡＩ／創薬ＡＩの研究開発と臨床導入を阻む最後の障壁は、ＡＩ学習と評価に必要な医用画像データセットの不足であり、以下の理由でデータセット作成の難易度が高い。

①データ収集：撮影装置・撮影方法・疾患・個人差などによるデータのバラつきが大きい
②データ加工：データの取捨選択・標準化・専門医によるアノテーション（画像内の病気の部分を塗りつぶして、どこが異常なのかＡＩに教える作業）の負担が大きい

ＡＩを作るすべての企業は、半導体とデータセットを必要とする。ＮＶＩＤＩＡは半導体を提供することで、時価総額トップの企業になった。であれば、良質かつ多様な医用画像データセットを大量に作成し、医療ＡＩや創薬ＡＩを研究開発するほとんどの企業に提供する医療ＡＩインフラ企業になれば、「医療版ＮＶＩＤＩＡを創る」ことも夢ではないはずだ。

そんな想いで、世界の人命を救いつつ、外貨を稼いで日本の経済も救うべく、カリスト株式会社は日々事業に邁進している。


データ提供したい医療施設の人、データセット購入したい医療ＡＩ企業・医療機器メーカー・

製薬企業の人、医用画像ＡＩの研究開発を委託したい企業の人、取材したいメディアの人、投資検討したい投資家、入社に興味を持った人などは、ぜひ会社ＨＰから問い合わせてほしい。

「私は『「課題先進国」日本』の中で、『人類が抱える課題を、日本が他の地域より先だって抱える状況になっている』ということを書いています。人類が抱える本質的な問題は、『地球の有限性』『知識の爆発的な増大』『長寿化』の３つだと私は思います。日本は、狭い国土に多くの人が住んでいる。資源が乏しいにもかかわらず、多くの人が高度な文明を享受しています。そこから、課題が生じているのです」
――小宮山 宏（東京大学の元総長）

起業とは、地獄の一丁目に足を踏み入れることである

『日経ビジネス』電子版（２０１７年３月21日「創業20年後の生存率０・３％」を乗り越えるには）によれば、スタートアップ企業の10年生存率は「６・３％」らしい。

理由はシンプルで、起業は圧倒的な「運ゲー」だが、運が巡ってくるまで耐えられないからだ。

ワークライフバランスは、幻想である。起業家は、不屈の意志でビジョンを実現すべく、起きている間はずっと働くしかない。毎日毎日がトラブルとの戦いだ。採用の問題、組織の問題、職務の問題、年収の問題、ストックオプションの問題、資金調達の問題、売り上げの問題、製品開発の問題。起業家は、頻繁に間違いを起こすだろうし、社内の全員からそれを見られる。多くのチームメンバーは、自分の期待を裏切り続ける。採用候補は舐めた人がほとんどで、顧客候補も冷やかしがほとんどで、投資家候補もほとんどはわかりやすい金儲けにしか興味がない。

だからほとんどの起業家は途中で諦める。「起業はカッコいい」「素晴らしいアイデアや技術がある」「お金持ちになりたい」「今の会社で働きたくない」といった理由で起業した人は、長続きしないだろう。

起業すべきなのは、何が何でも解決したい人生のミッションがあって、自分を否定する人たちに自分の価値を証明したい「アウトサイダー」に尽きる。そんな向こう見ずな人だけが、世の中を変えられるのだ。

不満だらけのひねくれ者よ。

起業して顧客に狂ったように素晴らしい価値を提供せよ！

「『自分がやっていることに強い情熱を持て』とよく言われるが、まったくそのとおりだ。とても大変なんだから、情熱を持っていないと、合理的な人間なら諦めるだろう。本当にきついことなんだよ。最後まで、長い間やり続けなきゃいけない」

——スティーブ・ジョブズ

AIを味方につけて、未来を創る

大砲の後に銃が作られ、デスクトップPCの後にノートPCが作られ、電話の後にスマホが作られたように、真の技術革新は必ず「小型化」と「大衆化」を伴う。

そしてその段階に達すると、技術のビッグウェーブは不可逆的になる。

AIの応用も、工場の自動化・需要予測・リスク管理などから始まり、チャットボット・自動運転・個別化教育といった形でほぼコモディティ化してきた。この流れは、もはや止められない。2030〜2040年には医療の完全自動化・地球温暖化の防止・宇宙探査と火星移住といった非常に困難な問題も解決されるようになり、2040年頃にはベーシックインカム導入によって働かなくていい社会も実現するはずだ、と僕は考えている。

あなたを取り巻く全ては、AIになる。

AIは基盤技術として、全てのハードウェアとソフトウェアに搭載されるようになり、ほとんどの仕事はなくなるか、その在り方が大きく変化する。だからこそ、誰もがデータを適切に整理するための「データリテラシー」と、生成ＡＩに的確に指示するための「プロンプトリテラシー」を体得し、ＡＩを味方につける必要がある。僕たちは、外国人にはやさしい日本語、友達には俗語、上司には敬語、というふうに相手によって言葉遣いを変えている。同様に、ＡＩに伝わりやすい言葉遣いを覚えることも、今の時代だと必須である。

ＡＩはあらゆる問題を解決するし、絶対的貧困も解決するが、その過程で経済格差は果てしなく拡大してしまう。

ＡＩをうまく駆使し、問題を解決して未来を創った人だけが、どんどん富を蓄積するのだ。

問おう。あなたは、ＡＩを使う側と使わない側の、どちらに回る？

「ＡＩを心配するのは、火星の人口過剰を心配するようなもの」

——アンドリュー・ン（著名なＡＩ研究者）

ほとんどの仕事は、AIに代替される

現在の職業の9割は、AIに代替される。

労働や行為を売る職業はAIに代替され、「本質」や「意味」を売る職業だけが生き残る。

たとえば、「希望通りのイラストを1万円で請け負う絵師」は、「誰がその絵を描いてもいい」から、AIに代替されてしまう。一方で「発想と個性が光る絵師」は、「その人の絵だから買うファンがいる」から、今後も生き残るどころか、むしろ需要が増えるだろう。さらにAIを駆使することで、より創造的な絵も速く描けるようになる。

このように、僕たちはAIによって能力格差が広がる、「個の時代」を生きているのだ。

AIは、主にホワイトカラーの仕事を奪う。高賃金かつ母数の多い職業ほど、大規模データを活かして代替したときに収益性が高いからだ。弁護士、医師、エンジニア、研究者、教授などは、適切な問題設定と解釈を通じて「意味」を売る、ほんのひと握りの人を除外すれば、（顧客を直接相手にする営業やコンサル業務以外は）AIに代替されるだろう。

だから今の時代だと、似たインプットに対して似たアウトプットを返すだけの、受験に最適化された人間は通用しない。ＡＩへのインプットが大事な時代に、ＡＩが得意なアウトプットばかりしても仕方がないからだ。生成ＡＩが既に大学受験で「上位２％」の結果を出しているのを見れば、それは明らかだろう。

僕は本書で「作業ではなく勉強をすべき」と力説したが、ＡＩ時代にはほとんどの専門職の人も、「ルーチンワーカー」として「仕事ではなく作業をこなしているだけ」ということになる。どの道に進んでも安泰でない時代においては、代替不可能な「自分だけの道」を選び、愚直に歩むべきだろう。

「ＧＰＴ-４やそれに類するシステムは、仕事ではなくタスクをこなすのに適している」

――サム・アルトマン（ChatGPTを開発したOpen AIのCEO）

AI時代には、全員がリーダーになるしかない

ＡＩ時代は、やらされた仕事をこなすのではなく、ＡＩに仕事をやらせる時代。だからこそ、「自分はどんな世界を実現したいのか」「ＡＩに何をやらせたいのか」「ＡＩの行為はより幸せな世界に繋がっているのか」を自問自答できないといけない。

誰かを真似るのではなく、自分で自分の人生をリードしたときに希少価値が生まれ、勝てるようになる。そのため、今どきはハードスキル（＝実務能力）よりも、リーダーシップ・コミュニケーション能力・問題設定能力・解釈能力・柔軟性といったソフトスキルのほうが重要なのだ。

ダ・ヴィンチとミケランジェロのようなルネサンス期の偉大な画家たちは、数十人の工房で絵画を分業して大量生産していた。一方で、絵の具のチューブという「ツール」が発明されたことで、モネとルノワールを含む印象派の偉大な画家たちは、屋外で絵画を一人で制作し、『印象・日の出』『睡蓮』『ムーラン・ド・ラ・ギャレットの舞踏会』『舟遊びをする人々の昼食』のような傑作を世に送り出した。

同様に、生成ＡＩの発明によって、一人でできることの幅が広がった今、あなたは何を作って世に送り出すのだろうか。

サービス開発・動画配信・作曲など、あらゆるモノが数倍速く、数倍安く作れる時代では、ＡＩに本質的な指示ができる「人間らしい人間」が勝者になる。だから、自分が10人、１００人規模の「自分株式会社のＣＥＯ」だったら何を作るのか、真剣に考えてみてほしい。

人間に残された唯一の領域は「価値偏向」。ＡＩは、倫理的理由から価値中立になるように設計されているからだ。

そこで僕は、強い思想と信念を持って、自分の人生をリードしていきたい。

たとえばこの本の強気な内容だって、ＡＩには書けないから、僕が書いた。

「やはり『どういう哲学を持って、仕事や人生にのぞむか』ということが一番大事だと思います。正しい考え方を持ち、誰よりも努力

を払うということしかないのです」

――稲盛和夫（京セラ創業者）

おわりに

誰でも〝天才になる〟方法

成功とは、意図的に作るものである。

最高のアイデアは、一見悪そうに見えて実は良い「狂ったアイデア」であり、それは自分の「特定の才能」と「環境」の掛け算から生まれる「オンリーワン」なものだからだ。

大勢が選ぶ良さそうなアイデアは、競争が激しく、ＡＩにも代替されやすいため、勝てる枠組みではない。だから自分のアイデアを否定する人が現れたら、それはむしろ良い機会と捉えて貫くべきだろう。

自分の手で選んだ道で、自分のために生きて、労働ではなく本質を追求したときにこそ、僕たちは天才になれる。


「天才の特徴は、凡人がひいたレールに自分の思想をのせないことだ」

——スタンダール（フランスの小説家）

「才能がない」「若くない」「環境に恵まれてない」などと、ないものねだりをして行動しない人は多い。しかし、世界は元から不公平なんだから、変えられないことを変わらない言い訳にしてはいけない。むしろそれを燃料に野心を燃やすことで、嫌な現実から脱出すべきだ。

闇がなければ光もないし、闇があるなら光も「必ず」ある。

僕は、いじめや虐待を受けていたから、韓国から逃げて日本に来た。死んでいるみたいに生きるのではなく、生きているみたいに生きたかったから、日本に来た。いじめや虐待を受けたことは不幸せだった。でも、それを燃料にして成り上がったことは幸せだ。

全ての英雄譚の英雄は、苦しむ。

そしてその試練を克服するからこそ、英雄になるのだ。

人生を変えたければ、勝ち筋のある勝負に出て、徹底的にやるべきことをやり続けよう。「変わりたい」と言いながら、有言実行せず、夜な夜なゲームをして、夜な夜なYouTubeを見て、夜な夜な友達と飲んでいるなら、人生が変わるワケがない。

自分の運命は、自らの行動で切り拓く。

人間の賢さは、IQや勉強量や読書量で決まるものではない。人間の賢さは、いかに目的に合った勉強をするかと、いかにそれを活かすための努力を惜しまないかで決まる。

比類なき才能がなくとも、比類なき切実さがあれば、誰でも天才になれる。

天才＝志×目標×戦略

天才になることは、それほど難しいことではない。

自らの志・目標・戦略を立てて、心の中にあるものを実行し続ける生き方をすれば、誰でも天才になれる。これらのいずれか一つでも欠ければ、天才にはなれない。

本書では、生きる上で最も大切な、まさに人生を構成するとも言える「仕事」「勉強」「人間関係」「自己改造」「未来」の5つの観点から、志・目標・戦略を立てるための本質的かつ実践的思考法を紹介した。

僕の人生を変えた「成功の仕組み」をすべて記したこの本が、あなたが自分なりの成功と幸せを摑む上での道しるべになり、つまずいたときに読み返す一冊になれば、本書を執筆した目標は達成されたといえる。

バブルがはじけて以来、日本という国の政治・経済・社会は衰退の一途をたどっており、多くの人が未来に希望を見いだせなくなっている。だが、そんなときだからこそ、個人の「自己選択」と「自助努力」で未来を切り拓かなければならない。

どんなときも、一番大事なのは結果ではなく、その目的と進め方にある。あなたの脳はあなた専用のChatGPT。常に「頭の中の他人」と脳内で対話し、「自己探求」と「独創的な世界の追求」をしながら物事を進めれば、おのずと納得のいく人生は歩めるはずだ。

さあ、鏡の前で笑ってみよう。そして今、自分が主人公の旅に出よう。決断を先送りしたら、手遅れになってしまうよ。

人は天才に生まれるのではない。天才になるのだ。

「これは最後のチャンスだ。先に進めば、もう戻れない。青い薬を飲めば、物語が終わってベッドで目を覚ますから、信じたいように信じればいい。赤い薬を飲めば、不思議の国のウサギ穴の奥底へ降りていける」

——モーフィアス（ウォシャウスキー姉妹『マトリックス』より）

最後に本書を世に送るために、無尽蔵の愛を注いでくれた、編集者の北村尚紀さんにこの本を捧げます。

二〇二四年七月三十日　東京にて

カリス

『安岡正篤一日一言』（安岡正泰監修　致知出版社刊）

『リーダー・管理職のための 心を成長させる名経営者の言葉』（久恒啓一著　日本実業出版社刊）

『リーマン恐慌』（岩崎日出俊著　廣済堂出版刊）

『ローマ人の物語』（塩野七生著　新潮社刊）

参考番組

『ドラゴン桜』3話、11話（2005年放送、TBS）

『日曜日の初耳学』（2018年7月29日放送、MBS）

参考ウェブサイト

『アンドレイ・カルパシー　YouTubeチャンネル』
https://www.youtube.com/@AndrejKarpathy

『稲盛和夫オフィシャルサイト』　https://www.kyocera.co.jp/inamori/

『インスピレーションをもらえる、世界の経営者や創業者の名言　https://type.jp/st/feature/5063/

『心を輝かせる名言集』　https://soul-brighten.com/

『13分で振り返る「OpenAIアルトマンCEOの議会証言」』
https://note.com/sangmin/n/n33f3ce842cc8

新R25『“やる気が出ない”全ビジネスマン必見!? 「簡単にやる気を出す方法を教えてください!」→脳研究者「やる気なんて存在しない」』　https://r25.jp/articles/928885314722267137

『10 Quotes by Generative AI Experts』
https://skimai.com/10-quotes-by-generative-ai-experts/

日本経済新聞電子版2011年10月9日『「ハングリーであれ。愚か者であれ」ジョブズ氏スピーチ全訳 米スタンフォード大卒業式（2005年6月）にて』
https://www.nikkei.com/article/DGXZZO35455660Y1A001C1000000/

日本経済新聞電子版2011年12月7日『ウォーレン・バフェット氏に学ぶ「株の極意」』
https://www.nikkei.com/article/DGXNMSFK0100Q_R01C11A2000000/

日本経済新聞電子版2023年9月3日
『〈直言〉AI活用は人類の利益　アンドリュー・ング氏　米スタンフォード大学兼任教授』
https://www.nikkei.com/article/DGKKZO74127610S3A900C2EA1000/

HUFFPOST『ホーキング博士「人工知能の進化は人類の終焉を意味する」』https://www.huffingtonpost.jp/2014/12/03/stephen-hawking-ai-spell-the-end_n_6266236.html

『羽生善治　インスタグラム公式アカウント』
https://www.instagram.com/shogi_danshi

『Forbes JAPAN いま思い返すべき「賢人」バフェットの10の言葉』
https://forbesjapan.com/articles/detail/23424

『名言大学』　https://meigen-univ.com/

『名言ナビ』　https://meigennavi.net/

『名著入門』　https://honnobi.com/

参考文献

『兄 小林秀雄との対話－人生について－』高見沢潤子著（講談社学芸文庫）

『恐れのない組織——「心理的安全性」が学習・イノベーション・成長をもたらす』
（エイミー・C・エドモンドソン 著、野津智子訳、解説／村瀬俊朗　英知出版刊）

『囮物語』（西尾維新著、イラスト／VOFAN　講談社刊）

『終物語』上巻（西尾維新著、イラスト／VOFAN　講談社刊）

『風の谷のあの人と結婚する方法 』（須藤元気著、森沢明夫編　ベースボールマガジン社刊）

『「課題先進国」日本：キャッチアップからフロントランナーへ』（小宮山 宏著　中央公論新社）

『君を成長させる言葉』（酒井穣著　日本実業出版社刊）

『決断力』（羽生善治著　角川新書）

『この一言が人生を変えるイチロー思考———夢をかなえる一番の方法 』（児玉光雄著　三笠書房刊）

『The Call-Girls 』Arthur Koestler（Bloomsbury Reader刊）

『時代を変えた科学者の名言』（藤嶋昭著　東京書籍刊）

『新訳　お気に召すまま』（ウィリアム・シェークスピア著、河合 祥一郎 訳　角川文庫）

『スティーブ・ジョブズの生声　本人自らの発言だからこそ見える真実』
（ジョージ・ビーム 編、鷹取孝訳　文響社刊）

『スラムダンク』27巻（井上雄彦著　集英社刊）

『世界名言・格言辞典』（モーリス・マルー編、島津智訳　東京堂出版刊）

『世界名言大辞典』（梶山健編著　明治書院刊）

『名言名句に強くなる!：ビジネスで使える、会話を豊かに』（世界文化社刊）

『ドラゴン桜　東大合格をつかむ言葉161』（三田紀房&モーニング編集部編　講談社刊）

『ドラゴン桜2』1巻、11巻（三田紀房著　コルク刊）

『はじめの一歩』42巻（森川ジョージ　講談社刊）

『ハッタリの流儀　ソーシャル時代の新貨幣である「影響力」と「信用」を集める方法』
（堀江貴文著　NewsPicks Book）

『花物語』（西尾維新著、イラスト／VOFAN　講談社刊）

『ファスト&スロー』（ダニエル・カールマン著、村井章子訳　早川書房刊）

『フランクルに学ぶ』（斉藤啓一著　日本教文社刊）

『プロフェッショナルの条件 いかに成果をあげ、成長するか』
（ピーター・F・ドラッカー 著、上田 惇生訳　ダイヤモンド社刊）

『プロ論。』（B-ing編集部編　徳間書店刊）

『福翁百話　現代語訳』（福沢諭吉著、佐藤きむ訳　角川書店刊）

『分子生物学はどこまで生命の謎を解けるか 精神と物質 』（立花隆、利根川 進著　文春文庫）

『凡人を達人に変える77の心得』（野村克也著　バレーフィールド刊）

『松下幸之助成功の金言365』（松下幸之助著　PHP文庫）

『マネジメント[エッセンシャル版]－基本と原則』
（ピーター・F・ドラッカー 著、上田 惇生訳　ダイヤモンド社刊）

『魔法のコンパス 道なき道の歩き方 』（西野亮廣著　主婦と生活社）

『MAJOR』31巻（満田拓也著　小学館刊）

東大AI博士　カリス

1993年、韓国生まれ。大阪大学・招へい准教授。長崎大学・特任准教授。博士（情報理工学／東京大学）。16歳で東京大学に合格。学生時代に能力を評価されて日本の永住権を取得。英・ケンブリッジ大学／独・ミュンヘン工科大学／伊・ミラノビコッカ大学で訪問研究。「みんな健康かつ笑顔で暮らせる社会」を実現すべく、医療AI ／創薬AI研究開発にすぐ使える医用画像データプラットフォームを手がけるカリスト株式会社を2022年6月27日に起業。YouTubeチャンネル『カリス 東大AI博士』にて、科学的勉強法・科学的思考法・AIなどについて配信中

誰でも
“天才になる”方法

発行日　2024年 9 月30日　初版第1刷発行
2024年12月30日　第2刷発行

著　者　東大AI博士　カリス
発行者　秋尾弘史
編　集　北村尚紀、牧野早菜生（扶桑社）
デザイン　黒川チエコ（opon）
撮　影　加藤 岳（カバー）
発行所　株式会社　扶桑社
〒105-8070　東京都港区海岸1-2-20　汐留ビルディング
電話　03-5843-8194（編集）
03-5843-8143（メールセンター）
www.fusosha.co.jp

印刷·製本　株式会社　加藤文明社

ISBN978-4-594-09147-7